从今天起，不再当发怒的虎妈

寿长华◎编著

中国华侨出版社

图书在版编目(CIP)数据

从今天起,不再当发怒的虎妈 / 寿长华编著.—北京:
中国华侨出版社,2011.7(2015.7 重印)

ISBN 978-7-5113-1543-4-01

Ⅰ.①从…　Ⅱ.①寿…　Ⅲ.①家庭教育
Ⅳ.①G78

中国版本图书馆 CIP 数据核字(2011)第 122966 号

从今天起,不再当发怒的虎妈

编　　著 / 寿长华

责任编辑 / 李　晨

责任校对 / 孙　丽

经　　销 / 新华书店

开　　本 / 787×1092 毫米　1/16 开　印张/16　字数/177 千字

印　　刷 / 北京建泰印刷有限公司

版　　次 / 2011 年 8 月第 1 版　2015 年 7 月第 2 次印刷

书　　号 / ISBN 978-7-5113-1543-4-01

定　　价 / 29.00 元

中国华侨出版社　北京市朝阳区静安里 26 号通成达大厦 3 层　邮编:100028
法律顾问:陈鹰律师事务所
编辑部:(010)64443056　　64443979
发行部:(010)64443051　　传真:(010)64439708
网址:www.oveaschin.com
E-mail:oveaschin@sina.com

前 言

当越来越多的中国父母将目光投向国外,寻求和接受西方先进的教育理念和方法,并开始反思我们自己甚至摈弃中国传统的养育思想之时,我们更应该结合中国当前的教育理念,"取其精华,去其糟粕",当个受孩子喜爱的"中国式好妈妈"。

我以为对孩子严格要求是应该的,但不赞成以铁腕管教孩子,我们家长又有谁乐意听取别人喋喋不休的说教呢?又有谁喜欢被人打被人骂呢?如果家长固执地对孩子这样做,终有一天发现原来孩子一直在敷衍自己,甚至暗暗滋生了仇恨心理,才深深地体会到自己教育的失败。

对孩子来说,他们更为敏感的是家长对其心灵的关注程度,对他们所享有权利和自由的尊重。因此,在与孩子沟通的时候,我们更希望家长做一个不发怒的"虎妈",既对孩子严格要求,又让孩子感受到理解和尊重,感受到浓浓的亲情之爱,故编写了《从今天起,不再当发怒的虎妈》一书。

本书内容旨在科学地解释孩子的行为,帮助家长正确理解孩子行为背后的语言，从而能采取正确而有效的说话方式，赞扬、批评、说服、沟通，最终纠正孩子的错误行为，培养其良好习惯，同时在这一过程中也融洽了亲子关系。父母教子，要做到字字箴言、句句立竿见影，这不可能。但是，家长能从每一次失败中得到一点经验教训，并且能把这点经验教训应用到以后的教育中，这才是最重要的。

需要指出的是，对本书列举的这些实例，家长不应该机械照搬，应根据具体情况，适当变化。

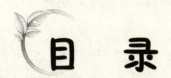

目 录

如何去赏识你的孩子

第二章

怎样让孩子接受你的批评

第 三 章

如何对待孩子的想法与感受

第四章

如何让孩子接受父母的建议

第五章

怎样让孩子改变对自己的认识

第 六 章

如何帮助孩子重拾自信

第七章

如何鼓励孩子自立

第八章

如何对待孩子的过失行为

第一章

如何去赏识你的孩子

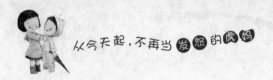

妈妈悟语：

孩子说起来没完没了，都听烦了，直接拒绝孩子又怕伤他的自尊心，该怎么办呢？

孩子都有强烈的好奇心和倾诉欲，偶有新知便会兴致勃勃地告诉家长。在家长看来，一些孩子自认为新奇的东西，有些并不新鲜，有些属于一知半解，而孩子在讲述时也往往夹杂着差错和偏见。

经常见到有的家长这时不耐烦地打断孩子的话，褒中寓贬地说："你知道的可真多！"接着把孩子话语中的错误——罗列出来。

如此做法固然有些道理，毕竟纠正孩子的错误是家长的责任，但在时机的选择上大有可商榷之处。孩子向家长倾诉新知，饱含着自豪感和自信心，燃烧着旺盛的求知火焰，这时家长应该做的绝不是迎头去泼孩子一盆冷水，而应是认真地倾听并给予赞赏。

对孩子认知上的一些偏差，家长要在事后寻找恰当的时机以讨论或商量的口吻为其指出来，进行补充或纠正。

孩子做对某件事后，是否应该立刻赞赏？

儿童心理学研究表明：孩子的一切活动都希望得到家长和他人的认可，承认和赞许对他的进步是十分重要的。孩子做了某件事情后，如果立即得到认可，再次遇到相似情境，孩子就很容易做出同样的行为，以期再次得到认可。因此，表扬得当可以促进孩子养成良好行为习惯，这也就是心理学中的"正强化"。表扬时机不同，对儿童的行为将会产生不同的影响。生活中孩子"难表扬"的情况，常常在于家长没有把握好对孩子奖励的恰当时机，反而导致孩子出现不恰当的行为，所以家长应善于发现孩子的每一点进步和成绩，并及时用不同的形式加以肯定。

建议家长对待孩子的成绩或进步多以精神表扬和鼓励为主，因为只有孩子有了小成功意识，他才有可能去获取大成功，过多的物质奖励则会把孩子带入一种误区，时间一久，他忽视了自己的进步，片面去追求奖励某些东西，而且容易滋生攀比心理。

妈妈悟语：

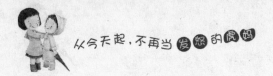

当孩子考试成绩不稳时，该怎么办？

很多孩子存在偏科的问题，不是这门功课不好，就是那门功课不好，要不就是这次好，而下次又考不好了。面对这种情况家长应该怎么办呢？下面我们看看一个美国家庭在遇到类似的问题时，是怎么处理的。

在一个美国家庭，儿子吉米从学校拿回了成绩单，他有些神色不安地把成绩单递给母亲苏珊。因为成绩单上是这样写的：两个"A"，三个"B"，一个"C"。他的历史得了"C"。母亲看了成绩单后，对孩子说："吉米，你太棒了！"

吉米听了母亲的话，眼中有些闪闪发光。"你看看你的成绩单，你得了两个'A'和三个'B'！"母亲把手放在吉米的肩膀上，安抚了一下说："我真高兴，你的成绩很好，我真高兴！"吉米很快抱住母亲，然后似乎有点不好意思地说："那，我能出去玩一会儿吗？""当然，任何人的成绩单上如果有'A'和'B'，都可以出去玩儿一个下午。"母亲笑着对吉米说。"谢谢你，妈妈！"孩子高高兴兴地玩儿去了。

这时，一位来访的女客人神情显得很诧异，十分不解地询问苏珊这样做的用意。苏珊回答说：

"你已经看到，我儿子对他的'A'和'B'很高兴，他体验到了得到好成绩的结果。我会在星期六早上全家的目标设定会上问吉米: '你希望你的历史得多少分?'我想,吉米他得到好成绩时内心是十分愉快的。因此,我想他也会希望历史得到好成绩,这完全是因为他喜欢那种成功的感觉。

"事实上,我们内心的反应大部分都是:如果你认为那件事我做得好,那么我会再做一次更好的给你看。当我儿子做对的事情被挑出来赞美的时候,他会希望自己再做对某件事。孩子不是为我而守规矩,而是为了自己把事情做对。当吉米为了使历史得到好分数而设定目标时,我和我先生都会协助他。但我们真正的秘诀只不过是协助孩子希望做好。"

孩子想象力太丰富了,常在家里胡闹,该怎么办呢?

妈妈悟语:

有的父母不了解孩子的感情和愿望,把孩子天真无邪的幻想和想象看做胡闹或者毫无意义的事情,动辄冷嘲热讽,结果驱走了孩子想象的欢乐,挫伤了孩子想象的积极性。

想象是孩子最富有积极意义的思维活动。有的孩子会把想象跟游戏结合起来,一会儿拉响了"汽笛",开动了"火车";一会儿又欢呼着"火箭上天",大声地宣布"飞向太空"……父母此时要做的是对孩子的想象表示赞赏,让孩子知道,父母和他一样十分珍视想象的成果。

父母最好在表示赞赏之后,适当地参与其中。孩子开着"小

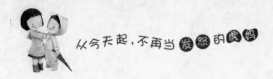
船"去航海，你不妨请求："船长，带我去吧，让我做一名水手。"喜出望外的孩子思维会更加活跃，其想象会更加富有迷人的魅力。

要想让孩子学会独立思考，善于想象，父母要鼓励孩子提问，鼓励孩子对一些司空见惯的事物进行质疑。即使孩子有时问得很幼稚甚至问错了，父母也不可予以简单的否定。

下面是几个鼓励孩子的技巧：

（1）注意训练孩子从不同角度考虑问题的习惯。父母可以问孩子这样的问题："把每月所有的零花钱都给你买好吃的和好玩的可以吗？"孩子听后刚开始可能会表示赞同，但是，认真思考后，他们往往会改变最初的想法。

（2）在生活中提出一些问题让孩子自己解决。如，给孩子买了一件新文具后，可以因势利导地让孩子试着找出它的缺点，并启发和引导孩子提出一些改进的意见。

（3）常与孩子展开辩论。如，父母在与孩子观看同一电视节目时，可以与孩子争辩对其中某一人物或问题的看法。这样做不仅能锻炼孩子的思维能力，还能提高他们对事物的认识水平。

（4）围绕一物多用、一事多因等题目，让孩子多回答几个相关问题。如可以问孩子："砖头除了盖房子还有什么用处？"不论孩子怎样回答，父母都要有意识地训练孩子学会分析原因。

（5）注意经常向孩子提出一些需要做简单的推理、判断才能回答的问题。如，可以这样问孩子："如果没有了太阳，那么世界会变成什么样？"

总挑孩子的长处表扬，孩子会骄傲吗？

人本主义心理学家认为，儿童有积极关注的需要，即儿童有对诸如温暖、爱、认同、关怀、尊重以及被人承认、接纳的需要。儿童只有获得了积极的关注，才会产生安全感，才会产生"自我关注"，也就是说，儿童只有得到别人的肯定之后，才会肯定自己。父母是孩子的"重要他人"，父母对孩子的评价会对孩子产生至关重要的影响。

父母在对孩子评价时注意多用肯定语，多说几句"你能做到"、"在妈妈眼里你是最棒的"之类的话，让孩子真正感受到你的支持和肯定，感受到你是支持他、爱他的，这样，孩子就会变得自信，变得有安全感，遇到挫折也能够从容应对。

给孩子赞扬不能说些"假、大、空"的话，而要关注孩子成长中的每一个优点、每一个进步。而且，更为重要的是，必要时父母还可以忽略一下孩子所犯的错误。要从内心里相信孩子不是在故意犯错，不要对孩子的优点视而不见，却用放大镜来看待孩子的缺点。

一般情况下，父母常犯的一个错误是，当孩子做对某些事情时，父母觉得是理所应当的，而当孩子不小心做错了一点事情，父母就觉得孩子不努力，不是好孩子，因此而大发雷霆。其实，父母的首要任务是把孩子做对的事情从平凡的生活中挑出来，加以强化。

妈妈悟语：

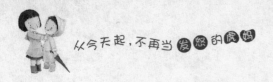
妈妈悟语：

当然，父母给孩子的夸奖必须是具体的，越具体越好。如果只是虚情假意地说"你真聪明"、"你真棒"，孩子听了以后会很茫然，不知道自己到底好在哪里，也不知道自己怎样才能变得更好。而且对于大一些、已经有了思考能力和判断能力的孩子来说，他们会觉得父母的话很虚伪，因而父母的这种表扬也不会起到太大的作用。

也有的父母会说："什么是孩子做对的事情呢？我觉得我的孩子太不如人家的孩子了，哪里还有什么做对的事情呢？"其实所谓"做对的事情"，是相对于孩子的既定目标而言的。当孩子完成了自己设定的目标，或者和自己相比有了进步，这些就是孩子做对的事情。哪怕孩子上次考了 20 分，这次考了 21 分，对于孩子来说，也是个进步。不能因为孩子考试不及格就训斥孩子，而要看到孩子已经取得了难得的 1 分的进步。

如果父母总是拿自己的孩子和别人的孩子相比，就很难发现孩子在哪些方面是高于别人的。因为"别人"是一个多数，自己的孩子很难永远是所有人中的第一名，总会有人比自己孩子强。而到了这时，父母就会很失落，就会觉得孩子没有优点可以夸奖。

发现孩子有进步，是不是该及时表扬他？

发现并赏识孩子的进步，不仅影响孩子对学习和做事的效果，而且还会影响到孩子对学习和做事的态度。我们发现，孩子喜欢某一门课程,很多时候是因为放学回家后有人愿意了解他们的学习情况,并肯定他们的进步。有的孩子说:"我喜欢音乐课,因为回家后可以唱歌给爸爸妈妈听,他们可喜欢听了。"也有的孩子说:"我喜欢数学课,因为回家后算数经常得到妈妈的赞扬。"如果我们对孩子的进步不听、不看、不肯定、不赞扬,孩子的学习态度肯定会受到打击。

有这样一段很精彩的话:

假如你的孩子不能成长为参天大树,那就让他做一棵默默无闻的小草吧,他一样可以给你带来春天的美丽;假如你的孩子不能成为一片汪洋,那就让他做一朵最小的浪花吧,他同样可以带给你跳动的喜悦;假如你的孩子不能成为一位名人,那就让他做一个平凡的人吧,无论是地地道道的农民,还是普普通通的工人,也无论是一名军人,还是一位商人,只要他诚实、正直、善良、上进,为父母者都应感到骄傲,因为你们培养出来的孩子是一个对社会有用的人,这就足够了。

父母烦恼

一些父母常常发出如下的抱怨:

"孩子学习成绩不好,可是我越是掏心掏肺给他'讲道理,摆事实'他越是不听话,越是与你对着来。"

"孩子太淘气了,经常惹祸,为此我也没少打他,可是孩子过后还是那样,一点想改的意思都没有。"

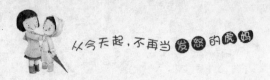

"这孩子太胆小了，平常让他上个街买东西都不去，逼急了就是哭。你说重了吧怕伤着孩子，说轻了吧，孩子根本不放在心上。"

以上这些父母的困惑，是不是你也有过？

有什么好的方法，能够解除父母在教子方面的困惑吗？那么，让我们先看看下面两个案例吧！

案例一

曾经看过中央电视台"怎样教育淘气的孩子"的节目，那个被认为是"淘气鬼"的孩子在镜头前说："每次我妈妈说我的时候，都要说：瞧人家孩子怎么怎么好，瞧你怎么怎么差；瞧人家孩子多聪明，瞧你多笨……我心里很不服气，我老想，你要觉得人家的孩子好，你就给人家孩子当妈妈算了，干吗给我当妈妈！"结果孩子的妈妈流着眼泪说："我是一个下岗女工，我就你这么一个儿子。我对你那么好，给你吃家里最好的，用最好的，我全是为了你，你凭什么这么冤枉我？"

案例二

一个 8 岁的孩子捡起了一片落在地上的叶子，他觉得非常美丽，于是激动地跑到妈妈面前告诉他的发现："妈妈，你看这片树叶像不像咱家客厅里挂的那幅画？"妈妈认为孩子胡思乱想，便数落他几句："什么画呀，不就是一片破叶子吗，快点走，别瞎玩了！"孩子不服气，就反驳了妈妈几句，妈妈生气地说："我批评你是对的，不许犟嘴！"自此家长和孩子之间的"冷战"开始了。

有些父母最爱用"没出息"来形容孩子，孩子考试没得满分是没出息，孩子写不好作文是没出息，孩子没完成作业是没出息，孩子上课说话是没出息……这样的例子不胜枚举。

现实生活中我们更是经常听到父母这样说："你给我出去！就当我没有你这样的孩子！""你简直一无是处！""你以为你是谁，你可是我养大的！""敢和我顶嘴了是吧，长能耐了！""你听我说，这样做就行了！""你知不知道，你是一个惹人讨厌的孩子！"……

诸如此类的话孩子听了会怎么想呢？也许你的孩子还太小，还不太明白关于自尊的意义，可是你的话会让他感到他是一个没有用的孩子，是父母的累赘，是多余的人。如果孩子经常听到你这么说，孩子会怎么做呢？他也许会在不安中把情感压抑，变成听话的孩子；他也许会与你作对，真的就如你所说，变得叛逆起来。

孩子是你自己的，你采用哪种方式教育孩子那是你自己的事情，也许没有任何人可以指责你，但是，希望下面的几段话能对你有所启发。

由于赏识，拿破仑·希尔的继母把人们眼中无可救药的"坏孩子"希尔，造就成为美国成功学创始人之一；由于赏识，皮尔·保罗从无所事事的、打架斗殴的贫民学生中，造就了美国历史上第一位黑人州长罗杰·罗尔斯；由于赏识，南希把只上了3个月小学，被老师认为智力发育不健全的爱迪生，造就成了一名举世公认的大发明家；由于赏识，"赏识教育"的开创者周宏，把自卑自怜的聋哑女儿周婷婷，造就为中国的海伦·凯勒，成为中国第一个聋人女大学生、第一个聋人留美硕士生……

美国心理学家威廉·詹姆斯说过，人性最深刻的原则就是希望别人对自己加以赏识。他还发现：一个没有受过激励的人

妈妈悟语：

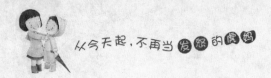

仅能发挥其能力的 20%~30%，而当他受过激励后，其能力是激励前的三四倍，因而在学习过程中，激励至关重要，任何学生都需要不断的激励。为此，让我们在教育孩子时，"要像对待荷叶上的露珠一样，小心翼翼地保护学生幼小的心灵"，尽可能多地捕捉孩子身上的闪光点，并给以鼓励，哪怕是一个微笑，一次抚摸，也会让孩子从中获取无穷的力量，从而扬起生活的风帆，一步步地走向成功的彼岸。

如果一朵花不美，就请欣赏它的叶子；如果叶子不美，就请欣赏它的枝干；如果枝干不美，就请欣赏它的根基；如果根基也不能使你产生情感的冲动，那么，你总该为它是一株蓬勃的生命而讴歌！

中国伟大的教育学家陶行知先生，早在半个世纪前就深刻指出：教育孩子的全部秘密就在于相信孩子和解放孩子。而相信和解放孩子，首先就要学会及时地夸奖孩子，没有夸奖就没有教育。每个人都有天生被肯定被夸奖的需要，孩子更是这样。

正如纳撒尼尔·布兰特在他的《自尊心理学》一书中所说的：一个人对自己的评价将直接影响到他的核心价值观以及是否有积极的心态，自我评价还会影响他的思维方式、情绪、希望以及人生目标，同时也影响到他的行为。那么，家长究竟该怎么做来保护孩子脆弱的自尊，又能够使孩子得到有效的改变呢？

换位思考

既然孩子的自我评价这么重要，那么，做家长的又该如何去做呢?通过上面的例子，你也许猜到了答案，对了，就是赞赏你的孩子。但是，赞赏也是需要谨慎的，有时候善意的赞赏会招致意料之外的反应，而有时候过度的赞赏也会带来相反的效果。

在下面假定的情境中，你可以自己来体验一下。当你听到赞赏之后，把你对这种赞赏的感受写下来。

情境一:

家里人都吃完饭了，但是这时候偏偏有一位老朋友来到家里，你只能给他匆忙地做了一顿饭。

如果这时候客人说:"真是太丰盛了!"

你内心的想法:

妈妈悟语:

_____

_____

_____

_____

_____

情境二:

你昨天熬夜加班了，早上又不得不送孩子上学，现在你已经筋疲力尽，只想回家好好地睡一觉。然而路上碰见了一个熟人，他看了你一眼说:"你总是这么有活力，今天更是精神抖擞!"

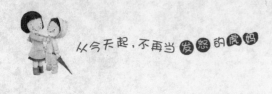

你内心的想法：

_____

_____

_____

_____

_____

情境三：

你的课程需要心理学方面的知识，当你查阅了大量资料才把这堂课勉强讲下来后，有个学生走过来对你说："您真是心理学方面的专家！"

你内心的想法：

_____

_____

_____

_____

_____

情境四：

你刚开始打台球，觉得打得不好。球要么瞄不准，要么没有力度。今天你和朋友打球时，无意间打了一个好球。你的朋友说："真是高手，打得太好了！"

你内心的想法：

_____

_____

_____

_____

现在也许你也体会到了赞赏所带来的感受,除了自我感觉良好之外,可能还会有下面的这些感受:

你可能怀疑赞赏你的人:什么丰盛,他可真会撒谎!

你可能怀疑自己的能力:我有那么厉害吗,恭维人吧?

你可能会给自己压力:什么专家,我在这方面可只是知道皮毛而已,看来下次我一定不能露出破绽呀!

你可能警惕赞赏你的人:他这个人不是别有用心吧!

现在你已经感受到了不恰当的赞赏所带来的逆反心理或自卑,那么想一想,当你这样对你的孩子说同样的话的时候,他们又会怎么想呢?下面的练习将帮助你了解孩子的真实想法。

练习一

孩子第一次把鞋带系好,在你面前走来走去,希望能引起你的注意。

家长不恰当的赞赏:

_____

_____

_____

_____

_____

孩子可能会怎么想:

_____

_____

_____

_____

_____

妈妈悟语:

从今天起,不再当发怒的虎妈

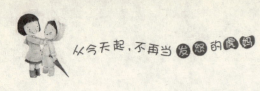
从今天起，不再当发怒的虎妈

练习二

孩子在学校话剧团出演了一个小小的角色，演出前孩子一定要父母来观看，现在演出结束了，孩子兴奋地跑过来问你感觉怎么样。

家长不恰当的赞赏：

_____

_____

_____

_____

孩子可能会怎么想：

_____

_____

_____

_____

练习三

你的孩子最近学习特别积极，放学回到家就先把作业做好再看电视。对于孩子的进步你会怎么说？

家长不恰当的赞赏：

_____

_____

_____

_____

孩子可能会怎么想：

_____

_____

_____

_____

练习四

你经常倒班工作,今天你刚回来,发现孩子帮你把家打扫得很干净。

家长不恰当的赞赏：

_____

_____

_____

_____

孩子可能会怎么想：

_____

_____

_____

_____

你的赞赏有可能是：

"哦,我的孩子,你真是个天才!"

"你的演出真是太精彩了,我觉得所有的演员中数你演得最好了!"

从今天起，不再当发怒的虎妈

妈妈悟语：……

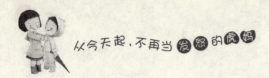
妈妈悟语：

_____

_____

_____

_____

_____

_____

"哟，你终于也知道进步了呀！"

"真是个乖孩子，以后我可轻松了！"

现在，转换一下角色，假设你是孩子，当你听到这些赞赏时，你又会怎么想呢？

作为一个孩子，你也许会这样想：

"我没那么好！"

"我只是出演了一个小小的角色，怎么可能那么好呢，要是好的话，早就是最重要的角色了。你骗我！"

"其实我早就想这么做的，妈妈你干吗这么说，难道我做得还不够好吗？"

"也许我这样做很蠢！"

不难看出孩子在进行着一场对抗，要么是对抗你，要么是对抗他自己，也就是否认自己。

没有赏识就没有教育。可是，问题又出来了，上面的练习并不是家长不赞赏孩子，而是赞赏的方法有问题。

究竟有没有一套简单有效的方法来为我们解决问题呢？下一节我们就来讲讲专家提供的技巧。

赞赏孩子的4个技巧

1.赞赏要有指向性

如果孩子每尝试一件事，家长总是空泛地竖起大拇指说，你真棒!你真行!这最多只能肯定现在的水平，而没有暗示下一步的目标，而如果能在赞赏中带有某种活动指向，则能使孩子在原有发展水平上，向更高的目标迈进。

小孩子都喜欢听妈妈讲故事，母亲就要留心他掌握的新词汇，如果哪天他说出一个从未说过的新词汇，母亲可故作惊讶地说:"咦!奇怪，你怎么会说'五光十色'这个词啊，一定是故事书中看来的吧?那可是作家用的词啊，怎么就变成你的啦?我们来找找在哪本书上好不好?妈妈也要学。"

……

"你看月亮除了像圆圆的月饼，还像什么?……你说对了，还像镜子。什么?还像橘子?还像西瓜?你真有想象力，如果比赛的话，也许我输给你了。不过我还是不太服气，我们来试试比赛怎么样?"

这样，又可以和他玩比赛看谁用的比喻多的游戏，以发展他的语言能力。

但是假如你这样说:"你真是太棒了，都会说'五光十色'这个词了，我真为你感到骄傲!"

孩子反倒会产生怀疑:"妈妈真的是这么想的吗?"

妈妈悟语：

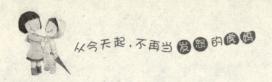
妈妈悟语：

方法运用

一天，小强的妈妈下班回到家里，看到房间被整理得井井有条，地板擦得一尘不染，不禁又惊又喜地问儿子：

"哟，这是谁干的，干得这么漂亮！"

等孩子乐滋滋地承认后，妈妈又来了一句："妈妈早就知道你能做好这件事的。下次还能比这次干得更好一些，对吗？"孩子受到鼓励，高兴地答应下来。

孩子由此便能认识到：自己完全可以帮父母做一些事情，让父母高兴。从而增强了自信，并自觉地把做家务纳入自己的生活内容。

2.赞赏中也有委婉批评

赞赏是为了孩子进步，批评也是为了孩子进步。在赞赏中批评，能够更好地促进孩子进步。

教育专家李鹤琴教授说："无论什么人，受激励而改过是很容易的，受责罚而改过是比较难的。"可见，在赞赏中进行委婉的批评，比直截了当地批评更使孩子乐于接受。

王清的儿子小虎子今年读小学二年级，从懂事的时候起，就天天抱个篮球四处跑。念书后，更是让老爸买了背包，将篮球装在背包里背着上学。上课的时候，小虎子常常将小手伸进背包里摸篮球，怕篮球跑了似的。这样长期下来，导致了小虎子养成了喜欢乱动，不听老师讲课的坏毛病。

二年级的一次期中考试，小虎子因为考试的时候不专心，导致考试没考好。通知分数的那天晚上，小虎子抱篮球站在爸爸面前，可怜巴巴地看着王清。

王清摸着小虎子的头说："虎子，爸爸真为你高兴，你的篮球技术真棒。"

小虎子一听爸爸夸自己，立刻来了精神，他将头埋进王清的怀里，笑了起来。

王清一边摸着篮球一边说："虎子，你要想以后当个篮球运动员，就应该好好学习，否则即使篮球技术再好，学习不好，以后还是当不了篮球运动员的。"

小虎子似懂非懂地点了点头，王清接着说："虎子，爸爸跟你约定下好不好？下次考试的时候，如果你能比这次进步，爸爸就送给一个更棒的篮球。"

小虎子高兴地点了点头，从那时起，他再也不背着篮球上学了。

孩子需要的是大人的肯定与赞扬，不希望大人批评。当孩子做错了事的时候，将赞扬与批评结合起来，赞扬中带着委婉的批评，会让孩子更容易接受，这样孩子才会快乐的成长。

方法运用

田田今年 4 岁，现在正上幼儿园，他是个非常聪明可爱的孩子。一次，老师给他们布置了 10 道简单的算术题，让他们回家做，并让父母检查。

晚上，田田把做完的作业给妈妈看，妈妈看完了，对田田说："田田真聪明，一共 10 道题，我们田田做对了 9 道，还有一道题也只是和正确答案差了一点点。6+7 等于多少呢？你的答案是 12，只差一个。现在你来算算，6+7 等于几啊？"

"是 13。"

"不错，以后继续努力哦！"

田田听完妈妈的话，心里美滋滋的，同时认认真真地把做

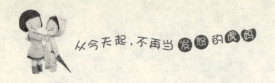

错的题改了过来。

3.直接说出孩子受到赞赏的原因

帮助孩子明白家长要表达的意思，并且学习到好的行为，家长要避免使用抽象的字，而要直接说出孩子受到赞赏的原因。

很多家长喜欢用"很乖"、"很好"之类的词语去赞赏孩子。"乖"、"好"都是抽象的词，只是反映家长的一些主观标准，孩子无法因此理解和学习到正确的自觉行为，充其量只能学会听家长的话，但是到底有什么样的行为才能得到这样的赞赏，孩子是无法清晰地领悟到的。

例如：小明写完作业，让妈妈看。

妈妈：你写得既工整，又全部都是正确的答案，真是令我高兴！

孩子：看来妈妈喜欢我这么做！

妈妈：小明，你这次作业做得太好了！

孩子：妈妈说的是真的吗……

方法运用

周末的时候，孩子在家里认真地做作业。

妈妈说："今天你确实不错，我一直看表，你今天学习了两个小时，真有耐性。"

孩子听了会非常高兴，因为妈妈连这么细微的方面都注意到了，孩子觉得妈妈是足够重视自己的。

4.描述事件本身

直接表扬孩子本人，就像直射的阳光，使人感到不舒服而且刺眼。对任何人来说，被称为是"奇妙的"、"天使般的"，都会感到不好意思,使人产生一种想要否认或是部分否认这种表扬的感觉。无论是在公共场合还是在私下里,没有人会说"谢谢你的夸奖,我的确如此",也不会有人问心无愧地对自己说"我真神"、"我真好"、"我真出众"。表扬的时候不妨采取描述事件本身的方法,让孩子感受到自己所做的事情是得到家长认同的,这样也能激发孩子对自己的赞赏。

针对事的表扬:

爸爸:椅子太重了,真不好搬。

孩子:可是我把它挪动了,放到了一个更合适的位置。

爸爸:那可需要费好大的劲呢!

孩子:爸爸,我有的是力气!

针对人的表扬:

爸爸:椅子太重了,真不好搬。

孩子:可是我把它挪动了,放到了一个更合适的位置。

爸爸:你真有劲,儿子!

孩子:不,我的劲小得多,比我有劲的人多的是!

方法运用

一位父亲在扫树叶,他让 8 岁的女儿亚妮过来把树叶堆起来。当他们干完之后,父亲数着树叶堆说:"1,2,3,4,5,6!半个小时堆了 6 堆!你怎么能做得这么快呢?"

称赞的时候要做明确、详尽的描述,这需要一点努力才能做到的,但是孩子能从这些信息和赞赏中受益,远比那些对品格的简单评价要有效得多。

美国家庭关系协会做过一项调查,邀请母亲记录她们对孩

妈妈悟语:

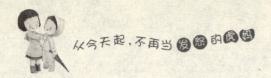

子女积极和消极说话的次数。调查结果发现，她们批评的说话比赞赏的说话数量超过十倍。这项研究的结论是，要有四句积极的话，才能弥补一句消极的话对孩子所造成的影响。

现在我们已经知道，孩子幼小的自尊是需要父母精心维护的，以上专家提供的四种方法虽然并不能解决今后所有的问题，但重要的是你开始从孩子的角度，体验孩子内心真切的渴望。

一个不能得到称赞和欣赏的孩子，会尝试从其他怪诞甚至有害的途径，寻求他们所需要的赞赏。一斤赞赏的效果远超过一吨重的责备。其实如果你愿意去寻求，必能在每一个孩子身上发现他们值得赞赏的地方。所以，有人说在每个孩子里面都会有一个好孩子和一个坏孩子，只要唤醒那个好孩子，他就会把最好的拿出来。多鼓励孩子，多赞赏孩子，多发现孩子的优点，就是发现好孩子的最佳途径。

"资源放错了地方就变成了垃圾，而垃圾放对了地方就变成了资源"。赏识是给孩子的一股强大的推动力，而这股推动力的发生，只需要家长简单的几句话、几个字，或是一个表情、一个动作，这将会让很多事情变得美好起来，当然这需要我们不断的练习。

妈妈悟语：

听与说练习

下面是几个有针对性的练习，你可以利用孩子上学，或者在家自己安安静静的时候，抽几分钟时间练习这些方法。

练习一

A.你的孩子趁你不在家的时候，把家整理得又干净又漂亮。

假设你用通常的方式，你会怎么说？

_____

_____

_____

_____

运用今天所学的方法，你会怎么说？

妈妈悟语：

_____

_____

_____

_____

对比两种方法的效果：

_____

_____

25

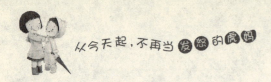

妈妈悟语:------

B.今天孩子的作业完成得又好又快。

假设你用通常的方式,你会怎么说?

运用今天所学的方法,你会怎么说?

对比两种方法的效果:

C.今天孩子帮你洗碗了。

假设你用通常的方式,你会怎么说?

_____

_____

_____

_____

　　运用今天所学的方法,你会怎么说?

_____

_____

_____

_____

　　对比两种方法的效果:

_____

_____

_____

_____

　　D.今天孩子摆的积木漂亮极了。

　　假设你用通常的方式,你会怎么说?

_____

_____

_____

_____

　　运用今天所学的方法,你会怎么说?

_____

从今天起，不再当发怒的虎妈

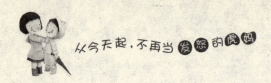

妈妈悟语：

_____

_____

对比两种方法的效果：

_____

_____

_____

_____

练习二

A.你的孩子在吃早饭的时候无意间把牛奶洒了。

_____

_____

_____

_____

假设你用通常的方式，你会怎么说？

_____

_____

_____

_____

今天，你运用了哪项方法？

_____

_____

_____

_____

_____

对比两种方法的效果：

　_____

_____

_____

_____

B.你的孩子在玩耍的时候不小心把杯子打碎了。

假设你用通常的方式，你会怎么说？

　_____

_____

_____

_____

今天，你运用了哪项方法？

　_____

_____

_____

_____

对比两种方法的效果：

　_____

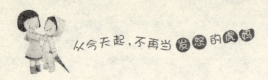

妈妈悟语：

C.在商店里，你的孩子看到一个想要的玩具，不再大吵大闹非要你买了，而是学会和你商量了。

假设你用通常的方式，你会怎么说？

今天，你运用了哪项方法？

对比两种方法的效果：

D.孩子去医院打针表现得很勇敢。

假设你用通常的方式,你会怎么说?

_____

_____

_____

_____

_____

今天,你运用了哪项方法?

_____

_____

_____

_____

对比两种方法的效果:

_____

_____

_____

_____

妈妈悟语:

....

....

....

....

....

....

....

....

....

人性最奥妙的原理是会渴求赞赏。每一个人都会在得到赞赏时,开心乐意地做更多的事情。当别人称赞我们做得好时,我们会想做得更好。"赞赏人"这门艺术是"取悦人"这门艺术的开始。那么,现在你就把这些方法运用到亲子沟通中吧!

第二章

怎样让孩子接受你的批评

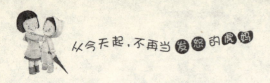
妈妈悟语：

在采取适当教育的同时，可以让孩子自由发展吗？

　　在培养孩子的过程中，需要注意的是，不要破坏孩子本身所具有的欲望和好奇心，同时又要进行适当的引导。

　　大人强制性地要孩子做"好孩子"是很简单的。但是，结果呢？孩子也许会对新鲜事物失去好奇心，从不想积极主动地去做事。因此，在教育孩子的时候，要把"鼓励孩子做某事"和"批评孩子"这两点放在一起来考虑。例如，孩子把你的东西当玩具，你很生气，不要只说一句"不能玩"就完结了事，这样他会非常生气，也会想着法子对抗你。但是，如果你说："这个给你玩。"（你换一样东西给他玩）他就会把注意力转移到另一件东西上，而不是对抗你。

　　在制止孩子做不可以做的事的同时，也要尊重孩子想做事的心情。以这样的心理来教育孩子，家长与孩子之间的感情就更为深厚了。

批评后，孩子一哭就心软了，于是又去哄他，这样行吗？

　　对孩子进行严格批评后，看到孩子很委屈的样子，然后自己就心软了，这其实是很平常的事。

　　在批评孩子的时候家长经常出现这两种矛盾心理：一方面担心轻微的批评达不到效果，另一方面又担心自己的批评过于严厉。所以家长要根据不同的情况调整相应的批评方式，可以一边观察孩子的状态，一边稍稍调整批评的尺度，既不会过于严格，也不会变成放任不管，孩子就会健康的成长。

妈妈悟语：

无论我说什么孩子都不听，该怎么办呢？

　　对于不同年龄的孩子，批评的内容和批评的方式理应有所区别。为了避免"徒劳的批评"，重要的是要了解孩子的发展情况。

　　孩子在 2 岁左右常常会出现"无论怎么说都不听"，或者"说一次后就不听了"等令人难以处理的问题。这时，父母不要和孩子一样感情用事。过了这个时期，等到孩子能理解一定程

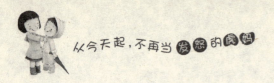

度的语言后，教育就会变得相对轻松些。

孩子还小，所以就不用批评。这种观点对吗？

从孩子发展的情况来看，毫无道理的批评是没有意义的。不过，片面地认为孩子还小就不用批评，这样也是不对的。

如果是婴儿，应该做到尽量不批评，因为他几乎没有善恶判断力。但是，这并不是说放任不管。就算是 1 岁的孩子，如果他犯了错误，也应该告诉他："不可以这样哦！"从而制止他的行为。当然，认为批评一次孩子就会明白，从而使他停止再犯同样的错误，那是不可能的，要耐心地教育孩子。

批评孩子应该采取什么样的方式

不同的孩子所能接受的批评方式是不同的，要结合孩子的个性使用不同的批评方式。

（1）挨批时默不作声

对于稍微被批评一下就眼泪汪汪的孩子，批评的"度"要轻一些。过于强硬的言辞，或者大声呵斥、打骂这一类过激的批评方式，对这种孩子反而会起到反作用。

对于这样的孩子，还是不要直接批评，采取批评与鼓励相结合的方式比较好。如，可以对他说："你这一次做得好，如果能……那就更好了！"

（2）受到批评也没反应

这种类型的孩子一般比较开朗，家长可以果断地批评，不必犹豫。对于一些严重的错误，一定要严厉批评。父母表现出的认真严肃的态度一定能够传染给孩子。

（3）一旦被批评就反抗

反抗是一种防卫反应，是为了保护自己。一旦被批评就反抗的孩子，其实是很容易受伤的孩子。

对于这样的孩子，用压制的批评方法会产生反作用。你可以这样说："我知道其实你是想改过的，是吗？"以一种平和的态度来教育他可能更有效些。

妈妈悟语：

夫妻二人对孩子的批评方法完全不同，这样有问题吗？

由于性别、出身等多方面的原因，夫妻在教育孩子的问题上出现分歧也是理所当然的。

但是，如果爸爸对孩子说"不喜欢做的事就别做"，而妈妈却批评孩子说"这是你应该做的事，你必须做"，孩子在这种教

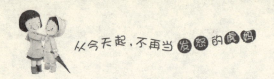

育方式下就会无所适从。因此，在教育孩子方面，父母应该通过好好商量，制定一个自己家里的教育方针为好。

批评孩子的时候，别人可以插嘴吗？

原则上，批评孩子的时候，其他人还是不要插嘴为好。对于特别小的孩子，被两个大人一起批评是很可怜的。应该一个人批评，另一个站在保护孩子的立场上比较好。

另外，不要说一些如"不要为一点小事就那么严厉地指责"之类的庇护孩子的话，也不要责备批评孩子的一方批评得太严厉了，这样很容易使批评人变得情绪化。如果有不同意见，可以过后在大人之间慢慢再说。

批评孩子的时候，孩子的祖父母阻拦，应该怎么办？

父母认为应该批评，祖父母则认为没有必要，这样的情况在现实生活中很多。父母在批评孩子的时候，即便是祖父母，最好也不要插嘴。关于这一点，希望父母能好好地与祖父母沟通，如果有不同意见，可以在其他场合商量解决。

孩子犯了错，如果有他人在场，可以批评吗？

如果孩子做了错事，就要及时、当场提出批评。特别是 1 岁左右的孩子，不到 1 分钟，他就会把刚才发生的事忘掉。

孩子到了五六岁的时候，确实会在意别人的目光。但是，即使到了这样的年龄，若真的做了错事，也要当场批评他："这样做是不对的，你不应该这样！"父母还应该注意一点：尽量用简短且严厉的批评语言制止孩子的行为，不要没完没了地呵斥，因为孩子是最厌倦父母这种批评方式的。

父母烦恼

妈妈悟语：

作为父亲或母亲的你，是不是也有以下疑问：

"我斜着眼睛严肃地批评孩子，孩子却一直在开心地笑。孩子以为我在和他开玩笑，我该怎么办呢？"

"我的孩子踢打同班的小朋友，我气不过，打过他几次，可他就是改不了，我该怎么办？"

"我曾经很认真地对孩子说：'你要是不听话，晚上睡觉的时候妈妈就变没了。'结果他非常害怕，眼泪汪汪地说：'不行。'

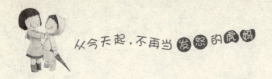

孩子显得更加恐惧。我想,自己是不是说过头了?"

下面是几位家长的切身体验:

案例一

我的孩子爱惹事,经常把比他小的孩子打倒。"小朋友之间要团结,不要打架,你不要欺负别人!"这样的话,我也不知道说过多少遍了,但他也就当时听听,过一会儿就忘了。

光用嘴说他不听,我就揍他。至今为止,我已经把能想到的方法都用过了,还是没有效果。

案例二

在超市购物时,孩子缠着要买他想要的糕点和玩具,我就一味坚持"绝对不买"。且对儿子进行严厉的批评,其他事情也是如此。这样一来,儿子确实变成"很听话的孩子"。

但是他无论做什么事,都要问我:"可以吗?"而且一旦犯了错,他就会想办法说谎隐瞒。我一看到儿子这样子,就会觉得这是我的教育方法导致孩子变成这样神经质的,因此我很痛苦。

案例三

自从儿子出生后,我发现女儿就变了,无论做什么都要和小弟弟争抢。我给儿子喂奶,她就说:"我也想吃!"如果我抱小的孩子,她就会叫道:"我也要抱!"刚开始的时候,我会尽量地满足她。可是,一而再、再而三,我就无法满足她的全部要求……如果我哄小的孩子睡觉的时候,她一直在旁边缠着我,我就会很生气,如果我说话她不听,我就会忍不住揍她。

案例一,家长在一次次劝说无效后,就开始了打骂;案例二,因为家长对孩子过度批评,导致了儿子产生了依赖心理;

案例三，家长面对缠磨人的孩子实在没办法了，也只剩下打骂这一招。

通过以上案例，我们清楚地看出家长的困惑。在孩子犯错误后，他们都对孩子进行了教育批评。可是，他们的教育批评并没有得到预想的效果，最后发展到打骂孩子，而孩子也并没有因此而改变。这些问题归结为一点，那就是家长没有掌握正确的批评方式，或者说没有找到适合自己孩子的批评方式。

现在，请各位家长想一想，也许你经常批评孩子，可是孩子对于你的批评是怎样看待的呢？效果怎么样呢？

换位思考

现在请你站在孩子的立场想一想，面对父母的指责或打骂你会有什么样的感受：

假如你就是案例一中的那个孩子，你的感受是：

_____

_____

_____

_____

妈妈悟语：

从今天起，不再当发怒的虎妈

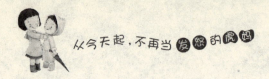

假如你就是案例二中的那个孩子,你的感受是:

_____

_____

_____

妈妈悟语:

假如你就是案例三中的那个孩子,你的感受是:

_____

_____

_____

现在,还原到父母的角色,请你想一想,究竟是什么原因触怒了你,才导致你打骂孩子呢?

例如案例一中的孩子:

_____

_____

_____

_____

例如案例二中的孩子：

_____

_____

_____

_____

例如案例三中的孩子：

_____

_____

_____

_____

生活中，不同的父母对孩子的期望值会有所不同，所以对孩子的要求也不尽相同，当孩子没有达到他们的要求时，他们大多数会用下面的方式来对待孩子。

读每个例子的时候，你把自己想象成一个孩子，仔细体会这些话给你带来的是什么样的感受。

1.责骂

"够了，你就这么笨！"

"敢和妈妈算账，你这个小东西长本事了！"

从今天起，不再当发怒的虎妈

妈妈悟语：

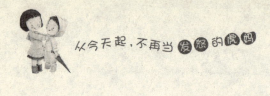

如果我是孩子,我会这样想:

妈妈悟语:

_____

_____

_____

_____

_____

2.恐吓

"你还不明白吗,要是还不明白我可要揍你了!"

"再骂人,我缝住你的嘴!"

如果我是孩子,我会这样想:

_____

_____

_____

3.说教

"你这个孩子真是烦死人了,一会儿要吃东西,一会儿又要
睡觉,你到底要干吗,还有没有个头?⋯⋯"

如果我是孩子,我会这样想:

_____

_____

_____

4.对比

"你说说你,我给你好吃、好穿,可你就拿这个成绩回报我吗?你看看人家王刚,又乖又懂事,你什么时候能够学学人家?"

"你真是一个讨厌的孩子,要是你有你哥的一半我也就省心了!"

如果我是孩子,我会这样想:

_____

_____

_____

_____

_____

现在,你已经写下了你自己的感受,也许你会惊讶于父母的一句话竟然会对你造成这样大的影响,所以你迫切地想知道幼小的孩子在同样的情况下会怎么想。据调查,孩子们通常会产生如下的想法。

责骂:

○"真烦人!"

○"你聪明,要么你做呀!"

○"我就是这么笨,怎么了?"

○"我为什么这么笨呀!"

恐吓:

○"我就是不明白,你能拿我怎么样!"

○"爸爸真可怕!"

○"你不爱我了!"

妈妈悟语:

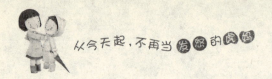

○"你吓唬我，我才不信呢！"

说教：

○"我烦死了！"

○"爱怎么说怎么说！"

○"真想快点儿'飞'出去！"

对比：

○"他好，那你要他去啊！"

○"我真没用！"

通过上面的练习，我们已经体会到孩子的真切感受。当成人用以上几种方式对待孩子的时候——而且这几种方式几乎是成人不假思索、遇到事情就惯用的方式，他们会以自私、懦弱、无赖、逆反等方式来应对我们。在现实生活中，孩子们的表现更加复杂多变，家长已经无法应付。

父母批评孩子的目的是希望孩子能够懂道理，可是他们忘了一点：让孩子明白一个道理用几分钟的时间就可以了，可是让孩子认可这个道理，并且按照这个道理去指挥自己的行为，这才是最重要，也是需要父母的耐心与技巧的。

下面是专家提供的技巧，这些方法能够有效避免孩子们的自私、懦弱、无赖、逆反等抵触情绪，让孩子们从内心接受家长的批评，并在行动中切实改变自己。

让孩子接受批评的7个技巧

1.批评对事不对人

批评孩子，要针对孩子具体的错误思想与行为，而不能随意自由展开，不要任意发挥自己的想象，对错误的后果大肆渲染或者把孩子以前的错误统统数落一遍。这样极容易让孩子反感，孩子会认为，你总是盯着他的问题不放，看不到他的长处。

妈妈正在做饭，扬扬很想帮助妈妈。

孩子：妈妈您做什么呢？

妈妈：妈妈正在忙，你先去看会儿电视！

孩子：电视不好看，要不妈妈，我帮你剥蒜吧？

妈妈：你别在这儿捣乱了，快出去！

孩子：我不！

（这时扬扬一不小心，把碟子打碎了。）

妈妈：你这个孩子除了会捣乱，还会干点什么！真是一个不听话的孩子。上次你把盐弄撒了，这次又打碎碟子！

（孩子这时候大哭了起来。）

这种结尾在生活中非常常见，可是如果换一种说法会怎样呢？

（同样是扬扬失手打碎了碟子。）

妈妈：看到你的错误了吧，你现在并不能帮到妈妈，赶快到客厅里去吧！

妈妈悟语：
_____
_____
_____
_____
_____
_____
_____

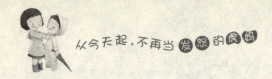

孩子:妈妈,对不起!我知道了。

方法运用

有一个 10 岁的男孩子,做作业、穿衣服、吃饭等节奏较慢。他的母亲是个急性子,看到孩子慢条斯理,开口就来了一句:"你真是一个磨蹭的孩子,就你这样什么也干不好!"母亲越是抱怨,孩子就越磨蹭,结果母子之间产生了隔阂。

为此,这位母亲专门去向一位教育专家求教。教育专家告诉她:"你的孩子做事虽然慢一些,但该做的事都做了,并且做得都很好。你为什么还要责备孩子呢?孩子正处于成长阶段,反应速度快慢不均,对其做事效率不应该太强求。"

专家的告诫大有深意。后来母亲就改变了对孩子的态度。当孩子再磨蹭的时候,她说:"孩子,能快一点吗?你要是再磨蹭,妈妈上班就要迟到了!"

当然仅凭妈妈的几句话,未必能使孩子发生有效的改变。这位母亲给孩子提供一个"时间表",如限定孩子 15 分钟之内把作业做完,孩子的效率明显提高了。因为一个人在限定了时间之后,便会精力集中,热情高涨,这就是所谓"限定时间效应"。这位母亲批评孩子时,目光集中在事情上,而不是孩子这个人身上,使得孩子得到了有效的改变。

2.变换一种说法

批评孩子时要避免使用同样的语言,因为反复说同样的话,会让孩子产生一种习惯性的模糊听觉,这样的话孩子尽管在听,可是根本不入心。所以尽管孩子犯了同样的错误,家长也要学会变换不同的说法。

已经很晚了,可是孩子还在看电视。

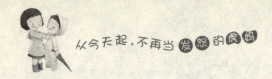

妈妈:都11点了,还看,快点睡觉去!

孩子:我还想再看会儿!

这是大多数家长惯用的说法,同样的意思,变换一种说法会有什么样的效果呢?

妈妈:你哥哥都已经睡觉了,你还不去睡?

孩子:哦,我也马上就去!

孩子可能会有些不情愿,可是孩子真的会照你说的去做。

方法运用

有一个13岁的男孩,母亲不再给他零花钱,他没钱打游戏机,便对母亲很反感。母亲说什么他都不听,事事与母亲对着干。这位母亲说:"为了让孩子学习、生活得愉快,我经受的艰辛都不让孩子知道,没想到他现在这样对待我。"

后来,在外地打工的父亲回来了,他把自己的艰辛和经历都告诉孩子,不久之后,妈妈发现孩子变乖了许多。有人问孩子的爸爸是怎么回事。孩子的爸爸说:"小孩子也是人啊,很多问题,你只要换一种说法,别老用一套话批评他,他就不会反感,就会耐心地听你的话了。我换一种说法,把我自己做事的艰难告诉他,让他理解了我,也就愿意配合我了。"

3.先表扬后批评

孩子做错事以后,许多父母先严厉地批评,以为这样孩子才能记住,最后再用一句赞美的话结尾。尽管这也不失为一种教育孩子的技巧,但是你可以设身处地地想一想,如果你正遭受严厉的批评,最后也只有一句赞美,你听进去的概率有多大?很明显这最后的赞美,不仅是多余的,反而会使你听着更加刺耳。这种批评没有建设性,只有破坏性。

妈妈悟语:

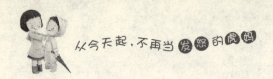

东东是一个粗心的孩子，经常忘记做作业，并且做完作业也不知道检查。这一天爸爸实在看不过去了，就批评了他几句。

爸爸：你是怎么做作业的，怎么这么多错？我就知道你死不悔改！

孩子：……

（孩子抽噎起来，家长也知道自己的话有点过火了。）

爸爸：好了，别哭了，你是一个知道努力的孩子，改了不就行了！

面对孩子的沉默，家长会更加生气，于是话说过了头，然而家长通常又会后悔，最后又补上一句赞美孩子的话，可是结果于事无补。如果变换一种说法会有怎样的效果呢？

爸爸：哎哟，你的作业怎么这么多错啊？！

孩子：……

爸爸：不过我听老师说你最近表现不错，作业也能按时完成，上课也挺认真的，不过还是有一点，要是你能做完作业也检查检查，降低作业的出错率，那就更好了！

孩子：爸爸，我知道错了，下次一定改正！

方法运用

小龙是个聪明且调皮的男孩，经常会出现许多"小问题"，制造诸多"麻烦"。

这一天，妈妈刚刚回家，听到爸爸正在生气地指责小龙："没收拾好自己的物品就跑出去玩！说你多少次了，你怎么老是这样！"

妈妈瞧瞧小龙，他正满不在乎地撅着嘴，满脸的不服气和不情愿。为了缓和僵局，妈妈若有所思地说道："每个人都有缺点的,可每个人身上也是有优点的啊!"

爸爸领会了妈妈的意思,定神后说:"是啊,其实小龙身上有许多优点,比如很爱劳动,喜欢主动帮助朋友。"

妈妈接着说:"还有呢,做事情很认真,学本领很聪明呢。"

小龙本来以为妈妈也会批评自己,谁知她竟然夸奖自己。这时,他被爸爸妈妈夸得都有些不好意思了。

最后妈妈说:"小龙有这么多优点我们也很为你骄傲,如果能将自己的缺点改掉变成优点,那么小龙会是个了不起的人,大家会对你另眼相看的。"

听了妈妈的一席话,小龙轻轻点点头,若有所思。

从此之后,小龙的很多"毛病"果然都改掉了。

4.小声责备

心理学证明,温和的问答能够消除愤怒。同样,温和的批评也能够提高孩子对自己错误的认知程度。换句话说,压低声音来批评孩子,不仅给孩子理智的感觉,也能使自己回归理智。这样,父母的批评才能不受自己感情的支配,才能冷静地观察孩子,引导孩子回归理性。

方法运用一

超超是一个顽皮的孩子,不愿意做功课,就喜欢看电视。这天超超又在看他喜欢的动画片。

妈妈:功课不做,就只知道看电视,快把电视给我关掉,做作业去!(大声责备)

超超仍然坐在那里,一动不动,很显然他是在对抗家长。可是变换一种说法,效果又会怎样呢?

妈妈:超超,已经很晚了,可是你的作业似乎忘做了吧?(态

从今天起,不再当发怒的虎妈

妈妈悟语:

51

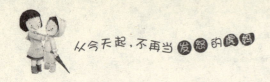

度温和）

孩子：哦，那我再看一会儿再去做？

妈妈：可以啊，如果你想挨老师批评的话。

孩子想了想，还是关掉了电视机去写作业去了。

方法运用二

妈妈有一个正读小学四年级的女儿。

有一天女儿放学回家，妈妈问她："你到哪儿去了？怎么晚了一个多钟头到家？"

女儿说："我和同学一起到张小叶家玩去了。"

妈妈很生气地说："你知不知道我很担心？以后放学后就回家做功课，不要到处去玩！"女儿听了脸色很难看，扭头就回自己房间去了。

妈妈开始认识到自己说话的语气不好，就去咨询专家。专家听了妈妈的情况后，给她开了一个"药方"：多倾听孩子的诉说，放低声音。

一天，女儿放学回来说："妈！我好难过，今天考试考坏了。"妈妈听了，不再高声责怪，而是停下手边的工作，坐下来温和地对女儿说："愿意说给我听吗？"

女儿看了看妈妈，把自己考试考砸的情况给妈妈讲了。妈妈听后，和女儿一起分析失败的原因，并和女儿一起制定了相应的补救措施。

听完女儿的诉说，和女儿分析完情况，已经是深夜了。女儿感激地投入妈妈的怀抱说："妈妈你真好！"那一刻，妈妈的嘴角也浮现出了幸福的笑容。

5.点明孩子错误行为的后果

孩子犯错误后,其实内心是充满愧疚和不安的,这时候是教育孩子的最好时机。如果父母只是指责孩子的错误行为,很容易使孩子产生对抗心理;如果指出孩子不当行为的后果,说不定孩子会自己反思。

阳阳很调皮,这天他又与一个小伙伴打架了。

爸爸:谁让你打架的,看我不打你!

孩子:是他先打我的!

爸爸:你还有理了,是吧?别人都告诉我了,你别不承认!

孩子:就是他先打我的!

至此,孩子和家长之间的战争要持续很长时间,也许最后彼此都不能说服对方。可是,如果家长换一种说法呢?

爸爸:谁让你打架的,看我不打你!

孩子:是他先打我的!

爸爸:你的脸上就是证据吧,你现在是不是很疼?你把别人的脸都抓破了,流了很多血。如果你很疼,那他是不是也一样?

孩子:……

孩子也许低下头,默不作声,但至少他会反思自己的行为,这时候你的说服教育才能起到作用。

方法运用

儿子不知何时染上了撒谎的毛病。他不是为了逃避惩罚而撒谎,而是为了逗乐。比如,他骗同学说明天不上课,或者说老师让同学去办公室等,还骗父母说得了老师什么夸奖,甚至骗钱。最可恨的是他还骗妈妈说他在医院检查得了什么大病,担心得妈妈连夜带他到医院检查。家长跟他说过很多次不许骗

妈妈悟语:

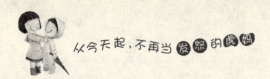
人,他都不以为然,总觉得这只是开玩笑,没什么大错。

妈妈悟语:

周四妈妈对他说:"儿子,这一星期天,我带你去游乐园玩好不好?"儿子跳起来说:"好啊!"然后儿子盼啊盼,终于到了周末。

儿子大早上就起床了,而没有像往常那样睡懒觉。吃过饭,就要妈妈和他一起去。

妈妈说:"我是逗你玩的,你别当真啊!"

儿子傻眼了。他抗议道:"妈妈,你怎么骗人呢?你知不知道我多想去呀?我都盼了好长时间了。"

妈妈说:"儿子,妈妈是跟你学的。你以前也是常常这样骗妈妈的。"

儿子呆住了。过了一会儿他说:"妈妈,我错了。我以后不敢了。你带我去吧!"

妈妈说:"今天我不会带你去的,我要你记住被欺骗的感觉是多么糟糕。不要以为骗人只是开玩笑。它会给人带来痛苦,更会让骗人的人失去信誉。妈妈也很难受,因为妈妈也骗了你。我希望你能理解妈妈的用心。妈妈只对你说了这一句谎话,妈妈以后不会再说了。你对妈妈说了很多次谎话了,不知道以后还会不会说。将来妈妈会带你去的,但今天不会了。"

儿子哭了。后来他就不再骗人了。

6.批评的同时要提出合理建议

明明在公园中和小朋友们玩耍,为了抢夺玩具,明明打了比他小的孩子。

妈妈:不许打小朋友,你知道吗?

孩子:我没打他!

（孩子出于自我保护，可能会否认。）

妈妈见孩子说谎非常生气，于是又用更加严厉的语言教训孩子。可是，孩子会承认自己的错误吗？如若换一种说法呢？

妈妈：你很想玩他的玩具是吗？

孩子：是的。

妈妈：那你为什么不和和气气地和他说两个人换玩具玩，他也许会答应你的！

孩子：他会答应吗？

妈妈：没试过，你怎么知道不可以呢？

两个孩子也许很快就会重归于好。

方法运用

作为一位母亲和祖母，曹丽枚也面对过尴尬和冲突。有一次，她和女儿带着6岁的外孙到西班牙旅游。在一家商店里，外孙非要买滑板，但妈妈说："你已经有两个了，不能再买了。"

曹丽枚觉得自己应该做些什么，就对外孙说："我知道你很伤心，很生气，有的时候生活就是这么让人沮丧。不过我有个好主意，你愿意试试吗？"

小男孩觉得外婆理解他，又想尽力帮自己，就停止了吵闹。曹丽枚说："你想要滑板，可我和你妈妈都不愿意给你买。我们可以到别的商店看看，有没有商店愿意把它作为礼物送给你。"小男孩高高兴兴地拉着外婆的手来到另一家商店，外婆问售货员是否能满足孩子，售货员说不能，两人走了四家商店都碰了钉子，到了第五家，小男孩说："我不买滑板了，我还是玩家里的那个吧。"

7.及时批评

当孩子做了不该做的事情以后，要马上进行批评。如果间

妈妈悟语：

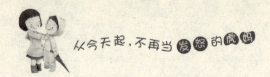

隔时间长的话，孩子就会不明白你为什么要批评他了。对待年龄小的孩子更应如此。

邵芳不知什么时候喜欢上了玩爸爸的打火机，这一天她又用爸爸的打火机点着纸玩。幸好妈妈发现了。

妈妈：快不要玩了，这样很危险！

孩子：我不，就要玩！

妈妈：你这个孩子怎么不听话，等我晚上回来再好好收拾你！

孩子健忘，晚上她早已忘记了白天发生的事。也许你也忘了，由于工作或是其他方面的原因，或者是你根本提不起教育孩子的精神。可是，如果给予及时的批评，孩子就会记得特别牢固。

（第一次发现孩子玩火，你当即批评）

妈妈：快不要玩了，这样很危险！

孩子：我不，就要玩！

妈妈：你觉得这样很过瘾，可是你知道这样会有什么样的后果吗？

孩子：……

妈妈：你这样玩很容易引起火灾，而且只有你一个人在家，妈妈上班也会不安心的！

相信孩子在妈妈这种和风细雨般的批评下会很快改变的。

听与说练习

你可以利用孩子上学，或者孩子在家自己安安静静玩的时候，抽几分钟时间练习这些方法。

练习一

假设你的孩子喜欢玩水，把水洒得满屋都是。

A.你通常会怎么说？

_____

_____

_____

_____

_____

B.运用下面所列的方法得到孩子合作。

（1）批评对事不对人：

_____

_____

_____

_____

_____

妈妈悟语：_____

_____

_____

_____

_____

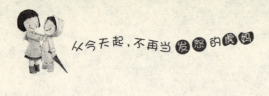
（2）变换一种说法：

_____

_____

_____

_____

_____

妈妈悟语：

（3）先表扬后批评：

_____

_____

_____

_____

_____

（4）小声责备：

_____

_____

_____

_____

_____

（5）点明孩子错误行为的后果：

_____

_____

_____

_____

_____

(6)批评的同时要提出合理建议：

_____

_____

_____

(7)及时批评：

_____

_____

_____

_____

练习二

A.女儿有了一顶漂亮的新帽子,整天都要戴着,就连睡觉也

要戴着,别人连碰都不能碰一下。

运用今天所学方法你会怎么说?

_____

_____

_____

_____

妈妈悟语：

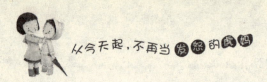

B.你正在全身心地投入工作，可是孩子把音响声开得很大。

运用今天所学方法你会怎么说？

_____

_____

_____

_____

C.在商店里，你的孩子又乱跑了。

运用今天所学方法你会怎么说？

_____

_____

_____

_____

D.孩子生病了，可是孩子拒绝去医院。

运用今天所学方法你会怎么说？

_____

_____

_____

_____

　　当然仅仅这几个练习，并不能让你迅速地、完全地学会正确的批评孩子的艺术。因为孩子总是能做出出乎你意料的行为。重要的是，要有一颗真正想要理解孩子的心，只有走近孩子，理解孩子，才能运用好以上所讲的方法。现在就请你把这些方法运用到亲子沟通中吧！

从今天起，不再当发怒的虎妈

妈妈悟语：

第三章

如何对待孩子的想法与感受

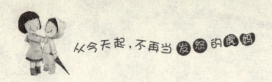
妈妈悟语：

孩子不听话，能强迫他按照我的意愿做吗？

孩子虽说年龄不大，但也是有自尊心的。他希望父母做自己的知心朋友，而不只是长辈，更不希望父母摆出一副长者姿态动辄训斥自己。

所以，今天做父母的，要想改变孩子的所谓"不听话"、"对着干"等逆反心理和现象，就必须先让自己摆脱传统的教子观念，不要用居高临下的姿态对待孩子，应该用平等、真诚的态度与孩子沟通。这样的话，孩子才愿意向父母吐露心声，才能从"不听话"变为听话，从"对着干"变为愉快合作。

每个孩子都有自己的思想，也是一个个体。父母不能一再要求孩子按照父母的所愿干其自己不愿干的事情。我们应该学会平等地对待孩子。

如何鼓励孩子说出他的心里话？

父母若一味责怪而不与孩子交流，只能让孩子徒受委屈而又得不到教育，对于年龄大点的孩子更是如此。

孩子毕竟是孩子，他们考虑事情，都是十分单纯、幼稚的。

这时父母切不可妄下结论，轻视或嘲笑他，而是应该认真听他的想法，与他一起讨论解决问题的办法。不妨让他自己先说，父母再加以评论与引导，着重对事态的现状进行一些得失利害的分析，鼓励他自己去面对与战胜困难。

孩子说出了心里话，尽管有时很荒唐，父母也不可取笑，更不可妄加指责。父母要允许孩子发表自己的意见，并让孩子意识到自己的意见父母是重视的。孩子在成长过程中，不可避免地会做错事、说错话，父母应语重心长地耐心开导，让他真正知道自己的错误所在。父母与孩子谈话时，既要抱平等的、朋友般的态度，又要满怀着父母的慈爱。父母要改变孩子，首先要改变自己。

另外，在与孩子交谈时，父母要注意自己的口气，还要特别注意以下几点：要平等对待孩子，要从平等的地位出发，不摆父母的架子。在心情好的时候要这样，在心情不佳或被顶撞的时候更要注意态度，要以孩子关心和感兴趣的话题进行交谈。

当然，有父母和孩子都感兴趣的话题更好。父母与孩子以这类话题交谈最容易沟通，也便于掌握孩子的思想动向。要有足够的耐心，有些问题孩子不一定能很快理解，父母要有耐心帮助孩子慢慢认识。

总之，父母要掌握与孩子交谈的艺术。

妈妈悟语：

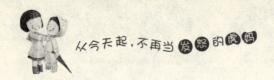

妈妈悟语：

怎样做，才能让孩子把话主动说出来？

"父母让我们住口，而他们却整天唠唠叨叨。"

"父母太小瞧我们了，一点意见也不让我们发表。"

"为什么让我们住口?他们明白我们心里想什么吗?"

由此可以看出，父母不让孩子讲话，留给孩子的记忆只能是"父母对我根本一点也不重视"的委屈和沮丧。长期这样下去，孩子便会自动放弃和父母讲心里话的权利，变成一个自认为无足轻重、无论什么时候都不被需要或者是凡事与父母对着干的人了。

与那些让孩子"住口"的父母相反，有些父母则善于让孩子发表意见，讲所思所感，讲心里话，结果孩子就变得善于思考了，自主意识也得到显著增强。鼓励孩子讲话，还有利于父母对孩子进行有的放矢的针对性教育。孩子思想有什么偏差，父母完全可以通过语言这一媒介见微知著，进而对症下药。

对于孩子提出的问题，父母的确不知道该如何回答？

某家庭教育研究机构对1000名中小学生进行了家长家教语言调查，在"你最不愿意听的是父母的什么话"一栏里，填写"向父母请教问题时，父母说'不知道'"的比例最大。

孩子提出"为什么"是其神圣的权利，父母应及时地给予满意的答复，这关系到建立两代人的感情纽带和树立父母威信。

父母回答孩子的提问时说"不知道"是有原因的。有时是力不能及，确实不知如何回答；更多的则是无暇答问，便用"不知道"来搪塞。

当然，对孩子每一个"为什么"都解释得十分圆满，只有一部分真正有耐心的父母能够做到。但要求父母把"不知道"从自己的语言词典中删去，对孩子有问必答，尽力而为，相信并不是多难做到的。

父母应竭尽所能地回答孩子的问题，自己不懂的可以和孩子共同讨论或查找资料。即使自己一无所知的问题，也应该用赞赏的口吻给孩子以肯定。孩子的世界是一个很奇妙的世界，他在进行着一问一答的创造，而你只是站在一旁用赞赏的目光静观孩子的伟大创造，就可保护孩子的求知欲。

妈妈悟语：

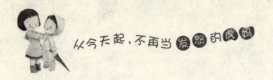
妈妈悟语：

孩子的要求不合理，可以采取威胁恐吓的方法强制孩子改变吗？

有一次，在人行横道上出现这样一幕情境：一个三四岁的小女孩向母亲提出"抱着走"的要求。母亲执意不肯，说："走不走？不走我走了！"说完不等孩子回话就拔腿走了。小女孩先是一声不吭，接着便坐在地上放声大哭。结果，那位母亲只得又折回来，把孩子抱走了。

无疑，这位母亲打了一个"败仗"。不知道下次孩子再提出这样的要求时，她将如何处置。

面对孩子的这种要求，父母首先应弄清孩子的真实意图，看看孩子是真的累了，还是出于撒娇、依赖的心理。若是孩子真的累了，可以建议休息一会儿再走，或者这样说：

"你是不是累了？再坚持一下，到前面那个路口我再抱你，好吗？"

若是孩子有其他原因，也不应生硬地拒绝，而是要讲明道理，让孩子心悦诚服。

孩子多大才有独立意识，才算是一个独立的个体？

我们总认为孩子小，没有独立意识，其实这是错误的。下面的例子是一位家长讲述的她的亲身经历，这个故事将会告诉你问题的答案。

贾玫的女儿16个月了，长着一张圆圆的小脸蛋，一双不大不小的眼睛特别的圆，忽闪忽闪的似乎会说话。和所有的母亲一样，自女儿呱呱坠地以来，贾玫在她身上寄托了无数美好的愿望。女儿一天天长大，会笑了、会看了、会坐了、会翻了、会爬了、会走了……女儿的每一点每一滴进步都让贾玫欣喜万分。

作为一名幼教工作者，贾玫深知"娇纵"给孩子带来的危害，孩子的爸爸总说孩子还小，什么事都由着她。没办法，在家庭中贾玫只有充当"黑脸"，平时对女儿的要求更加严格。但是，有一件事却让贾玫改变了严格教育的态度。

那天晚上都11点多了，劳累了一天的贾玫正想酣然入睡，可女儿还在兴致勃勃地玩儿。贾玫哄着她："乖，咱们睡觉了。"孩子摇摇头，示意要玩玩具。贾玫不由分说将她的衣裤脱掉，最后孩子哭闹着钻出了被窝。

贾玫心软了：还是再让她玩一会儿吧。于是，过了半个小时，贾玫再次让女儿睡觉，但这次女儿似乎动了真格，哭闹着示

妈妈悟语：

69

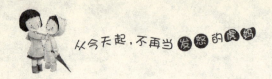
意贾玫把裤子给自己穿好。在贾玫的责骂声中孩子的哭声越来越响，贾玫恼火了，在她的小屁股上"啪！啪！"拍了两下。

孩子哭得更委屈了，一只小手指着门外，示意要去外婆那里。贾玫把她按倒在床上，心里犯嘀咕：好大的脾气呀！这时孩子一骨碌爬起来，一只小手敲打着贾玫的身体，一边哭一边嘴里念念有词。

孩子的这一举动让贾玫深有所思：虽然孩子还小，还不会说话，但她有自己的思想，也是一个个体。父母不能一再要求孩子按照父母的所愿压迫其干自己不愿干的事情，我们应该学会平等地对待孩子。

妈妈悟语：

有必要为孩子在心中留出一点空间吗？

在一个闷热的下午，王莉浑身是汗地骑着自行车在人流车流中艰难地行进。女儿坐在王莉的车后，向她讲着在班里与同学闹别扭的事，劳累疲惫、心里正烦的她毫无反应地听着。

渐渐地，女儿的声音弱了下来。突然，她小声说："妈妈，我差点儿忘了，老师让买一盒橡皮泥。"王莉不耐烦地说："早干吗去了，刚才路过文具店为什么不说！"谁知当她极不情愿地带着孩子返回文具店时，女儿竟然气鼓鼓地自己跳下车，恨恨地说："不买了，回家！"说完，头也不回地径直往家走。

一进家门，王莉就冲到女儿面前质问她为什么这么不听话。女儿眼泪汪汪地望着她说："妈妈，你知道吗，我们小孩儿也很可怜!"王莉一下子愣住了,像遭到重重的一击。女儿的小脸通红,哽咽着说:"妈妈,你们父母心烦的时候,可以对小孩儿发火;我们小孩儿心烦的时候,找谁发火呢?你知不知道,我们有时也很难受……"孩子的话使王莉的内心长时间无法平静下来。

王莉说:"我们曾经也是孩子,也曾因为父母拒绝了我们的正当要求,因为一次误解而遭斥责……这种伤害往往留下难以抚平的伤痕,有时甚至会伴随我们一生。今天,做了母亲的我,却因为工作、生活的压力和烦恼而把不良情绪发泄到孩子身上,全然不顾孩子的心理变化和承受能力。"

"我们小孩儿也很可怜!"这句话使王莉猛醒,她知道,自己粗暴的态度已经伤害了孩子幼小的心灵。望子成龙的殷殷期望、繁重的学习压力……他们太需要心的交流和沟通。许多父母常常忽视了这一点,而只关注孩子的学习,只看重每次考试的分数,却不知道这样做会不利于孩子心理的健康成长。所以,许多孩子便变得不愿和父母说话。在这种环境下成长起来的孩子,又怎么不会和父母产生代沟,又怎么不会心生隔膜呢?

从这以后,王莉就开始有意识地给自己的心中留出一点空间,让它去容纳孩子的喜怒哀乐。她知道不仅应该在学习和生活上关心孩子,更应该悉心去体味孩子那一颗渴望得到理解的心。

从此,她与孩子之间的沟通越来越密切,代沟这堵墙在她们的身上也消失得无影无踪。

妈妈悟语:

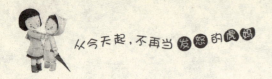

父母烦恼

作为父母，你是否经常抱怨：

"这个孩子，最近是越来越不听话了，我说什么他都不听。"

"孩子好像整天心事重重，你问他吧，他也不和你说，像个闷葫芦似的。"

"孩子和我好像生活在两个天地，我说的他不做，他做的我也不理解。"

"孩子想做什么就做什么，我们怎么说他都不听，做父母的都快愁死了。为了教育好孩子，什么方法都用了，可孩子还是那样。"

"孩子到底在想什么？他什么都不和我说啊！"

"我说和他谈谈，他就找借口，什么忙啊，学习累了……总之，借口一大堆，就是不愿意和我说话！"

……

下面是四个家庭中发生的故事：

案例一

一位母亲偷看了儿子的日记。日记中写道，好几天没看见某某了，很想念等。母亲大怒，根本不听儿子的任何解释，把儿子训斥了一顿。从此，儿子在卧室门前挂了一块"闲人免进"牌子，并且进进出出都把门锁得死死的。更要命的是，本来活泼可爱的儿子此后变得沉默寡言，再难看见他的笑容。后来，家长通过老师才知道，儿子日记中的某某其实是一个与儿子关系最好的男同学。

这位母亲也非常疑惑："其实我也不想偷看孩子的日记，只是孩子什么事都不和我说，我也是担心孩子变坏，除了用这种方法，你说我还能怎么办？"

案例二

一天中午，我下班回家，刚走到楼梯口，就碰到儿子同保姆出来。儿子见了我，相当兴奋，吵着让我带他出去玩。我陪他在外面玩儿了约半个小时后，就同他商量回家。然而，儿子说啥也不回家。单位中午只休息一个半小时，回家还要做饭，我不免有些急躁，于是就不顾儿子的哭闹，硬抱着他回了家。当时，我自己也不知道是怎么了，任儿子哭得昏天黑地，就是能狠下心肠。在这之后的几天，儿子好像一直生我的气，总不爱和我说话。

案例三

4 岁的亮亮撅着嘴说："妈妈一直不喜欢我周围的小伙伴。她说明明说话结巴，彭刚长得丑，肖肖脑筋不好使，李景嘴又太馋。反正在她嘴里没有一个好的。更让我不高兴的是，她要求我不跟他们玩，还生怕我被他们'带坏'。而实际上他们都是既可爱又诚实的好孩子。我为妈妈感到害臊。"

案例四

有一个 6 岁的孩子，刚从奶奶家回到父母身边。有一天，母亲炒了一盘鸡蛋，端到桌子上，接着进厨房继续炒别的菜，等母亲再次来到桌旁时，孩子已把鸡蛋吃得精光。但妈妈并未责骂他，只对他说："父母都还没有吃，你怎么可以一个人把鸡蛋都吃光了呢？"孩子不吭声，却在一旁悄悄掉眼泪。母亲问："你这

妈妈悟语：

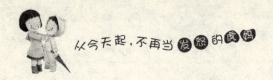

孩子怎么这样,我又没训斥你,你还哭?"

这位母亲说:"现在的孩子是怎么了,什么事情光想着自己,我稍微说他两句,就掉眼泪……"

你是否感觉到这些事情就发生在自己身边,而且仅仅以上几种就让你感到头疼? 也许你的生活中遇到的是更加棘手的难题。

各位父母,当碰到这种情况时,你会怎么办?恼羞成怒?听之任之,还是拳脚相加?……是这样的吗?这样能解决问题吗?难道就没有更好的解决方法吗?

相信各位做父母的会问:我们怎样才能让孩子愿意向我们倾诉他们的感受呢?我们其实并不想漠视孩子,并不想对孩子的感受置之不理……相信这样的问题你会有一大堆。

在亲子关系中,孩子和我们处在两个不同的思维体系中,我们要求孩子听从父母的话,要求孩子按照我们的吩咐去做,要求孩子接受自己对待事物的观点……恰恰是这一点,让我们忽视了孩子作为个体的存在。孩子的声音随处可闻,但很少有成人真正重视并倾听他们的意见。

人类社会对孩子的认识面临着一场革命:从前,人们认为孩子有特殊需要,必须给予他们特殊保护。现在,新的观念已经让人们确信孩子与成人享有相同的权利——公民的、政治的、社会的、文化的和经济的权利。也就是说,以前人们常说"保护孩子",现在我们更应该提倡在"保护孩子"之前加上"尊重孩子"。孩子是享有与成人同等权利的人,因此作为人,孩子和成人一样首先应当得到尊重。

但是，尊重孩子的前提是把孩子视为独立于父母之外的个体的存在。也许你要说了：我并不是不想了解孩子，而是不知道如何了解孩子。当我主动与孩子沟通的时候，是孩子首先拒绝的……你说的是事实，但不是事情的本质。请想一下，在这种情况发生之前，你的孩子是不是曾经滔滔不绝地给你说过他在学校发生的事情？你的孩子是不是乐于告诉你他心中的秘密？你的孩子在遇到一些小问题的时候，是不是想让你给他解决问题的建议……而你是如何做的呢？置之不理还是认真倾听？直接否定还是与孩子共同思考？

如何正确地探索孩子的内心世界是每个父母都需要认真学习的课程。但是，首先你要做的，也许就是要把自己想象成一个孩子。

换位思考

也许你会觉得自己已经很替孩子着想了，但是你忘了一点，即那只是你的感受，并不代表孩子。

下面你静下心来想一想，在这一天当中，你说的哪些话否定了孩子，并没有真正地理解孩子的感受。

孩子：我很困，我想再睡一会儿，妈妈。

父母：（否定想法）……

孩子：妈妈，我今天不想上学去了。

父母：（否定想法）……

妈妈悟语：

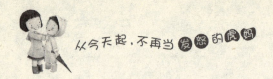从今天起,不再当发怒的虎妈

妈妈悟语:
_____
_____
_____
_____
_____
_____
_____
_____

孩子:妈妈,我们同学都有《蓝精灵》画册,我也想要。

父母:(否定想法)……

孩子:今天老师讲的课真没意思!

父母:(否定想法)……

孩子:小胖抢我铅笔了。

父母:(否定想法)……

你的答案有可能是:

"你这个懒虫,快点起来!"

"说什么呢你,我们供你上学容易吗,不想去就不去?赶紧走!"

"你怎么这样爱慕虚荣,别人有,你就也要啊?"

"我又不是没听过你们老师讲的课,是你上课没认真听讲吧?"

"不要说谎,小胖怎么可能抢你的铅笔,一定是你欺负他了吧?"

对于这些脱口而出的话,也许你并没有觉得有什么不恰当,但是在你这样说的时候,孩子会怎么想呢?

下面的练习可以帮助你了解,当你的感受被人否定以后,你会有什么样的想法。

正确对待孩子想法与感受的4个技巧

1.光听不说

孩子向你诉说时，你应安静、专心地倾听，但不必给予评判。你不必接受孩子的所有表现行为，而只是接受他的感受。

场景一

儿子：爸爸，今天老师表扬我了！

爸爸：……

儿子：爸爸，你在听我说话吗？

爸爸：我正忙着呢，你有什么事快点说！

儿子：我说老师今天表扬我了！

爸爸：……

儿子：爸爸，你能听我说话吗？

爸爸：我听着呢，你说！

儿子：你根本就没听我说，我不说了！

场景二

儿子：爸爸，今天老师表扬我了！

爸爸：哦！（同时转过身面向孩子）

儿子：因为我今天把李芳弄坏的玩具修好了，别人都不知道怎么修。

（父亲微笑，始终面对着孩子）

儿子：我是不是还挺聪明的？因为这对于我来说实在是小

妈妈悟语：

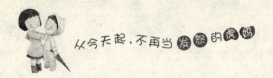

事,太小的一个问题。

父亲点头表示赞同。

方法运用

在作文课上,孩子写出了一篇非常优秀的作文,问题是老师认为这个年龄段的孩子写不出这样的作文,怀疑他抄袭了。孩子感到很委屈,回到了家……

孩子:我不想再上学去了!

家长:孩子,你生气了?

孩子:我再也不想上李老师的课了!

家长:你生李老师的气了?

孩子:你知道李老师说我什么了吗?他说我写不出那么好的作文!

家长:哦?

孩子:他说按照我们现在的水平,根本写不出这样的文章。

家长:是吗?

孩子:不过我也没向他解释……也许我该解释一下。

家长:你觉得你告诉老师他会相信吗?

孩子:不知道,但是如果我不告诉他,他肯定不会相信我的。所以我还得告诉老师,不管老师相不相信我。

2.让孩子感受到你在听

当孩子开口向父母讲话时,父母不仅应停下手中正在做的事情,还应该转向他,保持目光接触,仔细地听。同时还要通过点头或不时以"嗯……""是呀……""这么回事呀……"等词语来回应他的感受,显示父母对他的注意。

场景一

女儿：妈妈，今天肖兰不和我一块玩了，她说我把她的玩具弄坏了。

妈妈：那你说是不是你弄坏的？

女儿：真的不是我，她给我的时候就已经坏了，我只是告诉了她。

妈妈：我告诉你多少遍了，不要玩别人的东西，这次惹祸了吧？

女儿：我说过了妈妈，那真的不是我弄坏的。（跑开）

场景二

女儿：妈妈，今天肖兰不和我一块玩了，她说我把她的玩具弄坏了。

妈妈：哦？（同时注视孩子的眼睛）

女儿：她给我的时候就已经坏了，后来她又这样说，我挺生气的，她也挺生气的，我们就各自走开了。

妈妈：噢，是这样啊！

女儿：也许我应该先道歉再解释，因为我今天的态度也不好，我一定要向肖兰道歉，她应该会原谅我的，我明天就这么做。

方法运用

傍晚，孩子放学回家，看起来很沮丧。

家长：回来了！

孩子：妈妈，是不是我错了？

家长：啊？

（这时家长停下手中的活，蹲下身专注地望着孩子）

孩子：我当时真的挺生气的，妈妈。南南他总是挡着我，明

妈妈悟语：

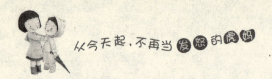

明是传给我的球,他总是抢,我当时挺生气的,所以就和他打了
起来。

家长:你的意思是什么?

孩子:我……我想和他说声对不起,毕竟是我先动手的……

家长:孩子,你应该为自己犯的错负责任。

3.告诉孩子你所听到的

仅仅倾听和理解是不够的,父母还必须用语言对他所说、
所想及所感的事情作出反应。但尽量不要逐字重复孩子说过的
话,应使用相似的话来表现相同的意思。

场景一

女儿:妈妈,我不让姐姐离开!

妈妈:可是姐姐必须离开,她还要上学。

女儿:我就是不让姐姐离开!(哭泣)

妈妈:别哭了,哭也没用!

女儿:我不让姐姐离开!

妈妈:你别无理取闹!

场景二

女儿:妈妈,我不让姐姐离开!

妈妈:妈妈也希望这样,我也不想让她走,孩子!

女儿:姐姐还会再来咱们家玩吗?

妈妈:你是希望姐姐还来咱们家玩?你真的挺喜欢姐姐的!

女儿:我和姐姐在一起真的很开心!

方法运用

小庆今年11岁了,说话比较冲,经常和别的孩子闹矛盾。

这天,小庆回到家,一声不吭地躺在床上,妈妈赶紧向他问话。

妈妈：看起来，你好像很不高兴？

儿子：……

妈妈：如果你愿意说的话，妈妈愿意听！

儿子：……晓明打我了。

妈妈：你是说咱们的邻居晓明吗？

儿子：是呀，就是他！他借我的铅笔刀不还，还要打我。

妈妈：你是说晓明借东西不还，还打你？

儿子：嗯。就是今天上午的事，我去要我前几天借给他的铅笔刀，可是他不愿意还我！

妈妈：事情仅仅是这样吗？

儿子：也不是，当时我说话的语气比较冲，我说：借别人的东西，用完了，就主动还呗，还让我来要，你还想再用吗？

妈妈：妈妈理解你的感受，但是你自己没有错吗？

儿子：我也有错，我当时半开玩笑地打了他一下，可是我没想到他会当真。

妈妈：你是说你只是开玩笑，可是他当真了？

儿子：是的，不过以后我真的应该注意点。

4.尝试着确认孩子的想法或感受

在仔细听取孩子的诉说后，对他的感受进行猜测并试着确认。当猜测不正确时，应鼓励孩子帮助父母纠正错误。

场景一

儿子：爸爸，我昨天做了一个噩梦。

爸爸：小孩子别说不吉利的话！

儿子：我梦见小明的小狗，它咬我了！

爸爸：这就是你所说的噩梦呀，你不要大惊小怪好不好？太

妈妈悟语：

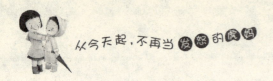

可笑了!

儿子:你不应该笑我,爸爸!

爸爸:这难道不可笑吗?儿子!小明的狗会咬你,哈哈……

儿子:你不听我说话那就算了!

场景二

儿子:爸爸,我昨天做了一个噩梦。

爸爸:哦?

儿子:我梦见小明的小狗,它咬我了!

爸爸:你是不是讨厌小明的小狗啊?

儿子:不是,爸爸。

爸爸:那你是不是也想要一只小狗呀?

儿子:小明的小狗会自己认路,如果我也有那样一只小狗,我一定很开心的,爸爸。

爸爸:我会考虑你这个愿望的。

方法运用一

孩子刚刚上学,对于学校所发生的事情都很新奇,他其实是乐于向父母述说的。

孩子:妈妈,今天老师表扬我了。妈妈,我真的很高兴,这是我第一次得到这样的奖励。

妈妈:你这么棒,妈妈也为你高兴!

孩子:不过,杜明还是比我好,别人都愿意和他玩,不怎么愿意和我玩!

(妈妈放下手中的衣服,拉起孩子的手,两眼注视着孩子,专注地听孩子说话)

妈妈:那你一定觉得很不开心。有没有什么好的解决办法呢?

孩子：可能是杜明他比较大方，他愿意把自己的东西借给别人用。

妈妈：那你愿意向他学习吗？

孩子：我想我应该向他一样，不要怕把自己的东西弄坏就好了。

妈妈：那你该怎么做呢？

孩子：我想好了，我要把自己的东西主动借给有需要的同学。

妈妈：这确实是个不错的方法！

方法运用二

王丹的钢琴弹得非常好，可是在一次学校组织的大型音乐会上却表现得很一般，她非常难受。

有一次，王丹所在的学校想让她代表学校参加一项钢琴比赛，可是就在比赛的前一天，她却哭着说她不想再参加比赛了。

此时，妈妈并没有责备她，而是很耐心地询问她："你怎么了，你准备得很好呀，为什么不想参加比赛了呢？"

王丹终于说了："上次在学校的比赛上我没有发挥好，我怕这次也是这样！"

妈妈明白了孩子的问题所在。

妈妈就以温和的口吻说："在台上的演奏和平时的练习是不一样的，那么多人看着你，你可能觉得他们在挑你的毛病是吗？所以你紧张，所以你更加害怕自己的失败，是吗？"

王丹激动地说："妈妈你怎么知道我当时是怎么想的呢，你是怎么知道的？"

"那当然了，因为妈妈也有过和你一样的经历呀！"妈妈说。

妈妈悟语：

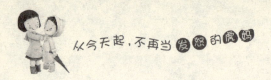

妈妈悟语：

"那妈妈也紧张吗?"王丹问。

"是的。其实你根本不必太在意听众的反应，只要发挥出你的水平就可以了。妈妈说的可是真话，不信你自己试验一回。不要忘了，你可是咱们家最有音乐天赋的，你和哥哥的比赛，你可是赢得全家人的掌声的。"

王丹点了点头。

后来王丹的演奏非常成功，她表现得很出色，台下响起了热烈的掌声。

父母对待孩子的意见一般是同意或是不同意。但是，有的时候，父母对孩子提出的问题要不断地进行确认，鼓励孩子自己说下去，表达出他们真实的感受，才能实现亲子之间的沟通，帮助孩子取得进步。

作为孩子的父母，只有真正做到换位思考，对孩子的诉说才会认真听下去，才能产生交流中的互动，才能真正学会从孩子的倾诉中真切地感受和把握孩子的喜怒哀乐。真正了解孩子在想什么，要求什么，希望什么，才能真正理解孩子的思想意图，分享孩子的快乐，为孩子的进步高兴，为孩子的成功喝彩，才能有效地用父母的体贴来化解孩子的烦恼，营造出充满爱意的温馨家庭，也才能赢得孩子的真诚友谊。

专家为你提供的这四种方法，虽然并不是每个方法都适用于你，但重要的是，它让你意识到理解与尊重孩子感受的重要性。

其实最难的恐怕是倾听孩子情绪的宣泄，正确地猜测出孩子的意图。当然这需要我们的不断练习。

听与说练习

你可以利用孩子上学，或者在家自己安安静静玩的时候，抽几分钟时间练习这些方法。

练习一

孩子这次考试没有考好，回到家后向父母抱怨说这次考题太难，题出偏了。

按照以往习惯，你会怎么说？

_____

_____

_____

_____

_____

A.运用下面所列的方法得到孩子合作。

（1）光听不说：

_____

_____

_____

_____

_____

妈妈悟语：

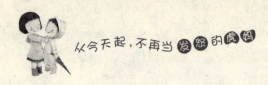
妈妈悟语:

（2）让孩子感受到你在听：

＿＿＿＿＿＿＿＿＿＿＿＿＿＿＿＿＿＿

＿＿＿＿＿＿＿＿＿＿＿＿＿＿＿＿＿＿

＿＿＿＿＿＿＿＿＿＿＿＿＿＿＿＿＿＿

＿＿＿＿＿＿＿＿

（3）告诉孩子你所听到的：

＿＿＿＿＿＿＿＿＿＿＿＿＿＿＿＿＿＿

＿＿＿＿＿＿＿＿＿＿＿＿＿＿＿＿＿＿

＿＿＿＿＿＿＿＿＿＿＿＿＿＿＿＿＿＿

＿＿＿＿＿＿＿＿

（4）尝试着确认孩子的想法或感受：

＿＿＿＿＿＿＿＿＿＿＿＿＿＿＿＿＿＿

＿＿＿＿＿＿＿＿＿＿＿＿＿＿＿＿＿＿

＿＿＿＿＿＿＿＿＿＿＿＿＿＿＿＿＿＿

＿＿＿＿＿＿＿＿

（5）在这些方法之外你还想到了其他的方法吗？

＿＿＿＿＿＿＿＿＿＿＿＿＿＿＿＿＿＿

＿＿＿＿＿＿＿＿＿＿＿＿＿＿＿＿＿＿

＿＿＿＿＿＿＿＿＿＿＿＿＿＿＿＿＿＿

＿＿＿＿＿＿＿＿

练习二

A.女儿的新帽子被邻居的孩子弄了一个洞,女儿很委屈,不停地哭泣。你运用了哪项方法?

_____

_____

_____

_____

B.你的孩子刚刚旅游回来,不停地向你叙述路上的见闻。你运用了哪项方法?

_____

_____

_____

_____

C.在商店里你的孩子非要买一件家里已经有的玩具。你运用了哪项方法?

_____

_____

_____

_____

妈妈悟语：

_____

_____

_____

_____

_____

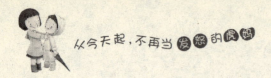

D.孩子去医院打针回来，显得很没精神。你运用了哪项方法？

_____

_____

_____

_____

_____

妈妈悟语：

当然仅仅这几个练习，并不能让你迅速地学会倾听孩子，正确地猜测孩子的意图。如果你没有真正想要理解孩子的心，那么无论你做什么，无论你说什么，在孩子眼中都会显得不真实。现在你就真心实意地把这些方法运用到亲子沟通中吧！

第 四 章
如何让孩子接受父母的建议

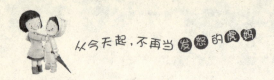
妈妈悟语：

怎么调动孩子的积极性，让孩子与父母积极配合？

孩子在学校天天和书本打交道，业余时间兴趣很难再转到读书上去。正像我们久吃一类食品会觉得太单调了，总想换一下口味一样。

孩子爱看电视不爱读书，是让父母极为头痛的一个难题。培养孩子阅读兴趣的最好方法不是斥责与埋怨，而是设法让孩子领略书籍的魅力。

有位母亲在一次停电的偶然机会里，让孩子领悟到读书的妙处。当时，这位母亲点燃了一支蜡烛，声情并茂地给孩子读童话故事。孩子被吸引了，连续几天把课余时间全用在读那本迷人的书上，对电视的兴趣减弱了，从此热爱读书的习惯便渐渐地养成了。要培养孩子的阅读兴趣，父母还要发挥榜样示范作用。除了自己要经常读书外，还要抽空带孩子去图书馆借书，去书店购书。

教育专家对此提出了4点建议，即让孩子拥有自己钟爱的书；让孩子拥有属于自己的书架；给孩子配置读书用的台灯；正确奖励经常阅读的孩子。这些方法大家都可以试试。

如何让孩子改掉不讲卫生的坏习惯？

　　培养孩子良好的卫生习惯，父母往往要花费很大的力气。孩子们好像记性很差似的，父母不催着洗手、洗脸，他们就无动于衷。儿童卫生习惯的养成需要一个过程。有的父母只是以"不洗手不许吃饭"要挟孩子，对其中的"因果关系"并不作丝毫的解释，结果导致孩子对这种威逼十分反感。这时候，孩子也许会顺从地走向洗手间，但脑子里滋生的却是排斥和抗拒的消极情绪。

　　显而易见，孩子若带着这种不愉快的心情去洗手，怎么会自觉自愿地改掉坏习惯呢？为了扭转这种状况，父母应把教育的着眼点放在让孩子愉快地接受上来。比如，可以这样对孩子说："人的手上会沾染细菌，不洗手会使细菌钻进肚子里，人就会生病。把手洗干净了，吃饭才既卫生又香甜。"而下次再遇见这样的情况你就可以直接说"手"，若能给他哼几句"洗手歌"那就更妙了。

从今天起，不再当发怒的虎妈

妈妈悟语：

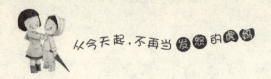

如何改变孩子，又不用说"不"？

　　孩子大多喜欢信笔涂鸦，只要自己高兴，纸上、地上、沙发上、墙壁上，都是他们的"即兴创作"。父母上前制止，他们不仅充耳不闻，而且还会越画越来劲儿。个中原因，应该从"不许"二字上找一找。

　　一般来说，人的欲望在得不到满足时，就会采取攻击性行动。大家可能注意到这样的情况，即孩子若在游戏中输几个回合，便会脸色一变，把假戏当真，争吵、扭打，以发泄心中的愤懑。父母强制性地阻止孩子作画，孩子又怎么能够老实顺从呢？

　　王女士的小女儿今年6岁了，特别喜爱涂鸦，经常在地板上图画一些小人、小鸭子、小鸡等。这让王女士有些无奈，每次下班回来，王女士都看见地板上被小女儿画成了"七彩城"。

　　有一天，王女士下班后，发现客厅里干干净净的，小女儿不知道跑哪儿去了，她叫了几声没人回答，就在王女士纳闷的时候，发现平铺的被子里有东西在动，她轻轻的走到床边，将被子掀掉，发现小女儿正趴在床上画着小鸭子，床单被水彩笔涂得五颜六色。

　　王女士气不打一处来，正想教训小女儿的时候，看见小女儿可怜兮兮地站在自己面前，又有些于心不忍了，她抱着小女儿说："乖乖，你画的真好，妈妈好喜欢，以后能否把这么漂亮的画画在本子上，让妈妈收藏起来，慢慢欣赏呢？"

小女儿"咯咯"笑着说："妈妈，我画在床上，你也可以欣赏啊，你和爸爸一起欣赏。"

王女士一边笑着把床单掀起来，一边将床单放进洗衣机里说："床单要洗干净，才能睡觉啊；地板也要拖干净才能让乖乖在上面玩啊，妈妈想把乖乖的画一幅一幅的保存起来，乖乖以后能不能把画画在纸上，妈妈将乖乖的画收藏起来慢慢欣赏。"

由于受到了妈妈的鼓励，以后不也在地板上与床单上作画了，她将画画在纸上，天天送给妈妈一幅。

这位妈妈的做法无疑是成功的，也是发人深省的。她没有用"不许"两个字，却把"不许"的含义表达的清清楚楚。并利用这个机会引导和鼓励孩子的兴趣，令孩子铭记在心。各种的奥妙难道不值得我们品味和学习吗？

孩子一生气就摔东西，该怎么办？

一位母亲看到孩子赌气摔东西，十分生气。遗憾的是她没有采取有效的制止措施，而是大声说："你敢再摔一次？"结果孩子真的拿起摔过的凳子重新又摔了一下。母子俩便"大动干戈"起来。

这位母亲的教育方法显然是不妥当的。孩子为了发泄不满情绪或者赌气，有时会做出摔东西的不良举动。

父母当然不应任其所为，看到孩子摔东西应立即制止。如果冲突是在父母与子女之间发生的，父母若有不当，应立即向

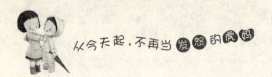

孩子道歉，以消除孩子的委屈和不满；如果冲突是在孩子与小伙伴之间发生的，父母应立即对孩子进行说服教育。

需要着重指出的是，若孩子习惯以摔东西作为要挟父母的手段，父母不应有丝毫的退让。在给孩子讲清道理，令其口服心服后，可以辅之以适当的措施，如取消节日礼物或公园游乐等，力促孩子改正这一不良习惯。

孩子的打扮不符合父母的审美趣味，应该怎么办？

一个 12 岁的小姑娘，在出门做客之前，躲在自己的小房间里精心地打扮自己。当她打扮完后出现在妈妈面前时，没想到妈妈说："你这身打扮成了什么样子？"原本想博得妈妈夸奖的小姑娘立刻失去了喜色。后来，这位小姑娘再也不独立地装扮自己了，穿衣打扮悉听妈妈指点。

这无疑是一则教育失败的案例。

女孩子都有一种把自己打扮得更漂亮的愿望。她们对服饰式样、色彩、格调的选择，来源于各自的审美趣味。穿什么鞋子，喜好什么颜色的裙装，会让她们费一番脑筋进行观察、比较、选择，随之而来的是审美观的培养、思维的训练和生活自理能力的提高。研究也表明，那些爱打扮的孩子，其审美水平较同龄人要高一些。由于阅历、审美观、价值取向的不同，父母与子女对服饰的认识和追求有着明显的差异。这里要忠告大家的是，应把打扮自己的权利交给子女。即便是孩子穿着打扮有什么不美观的地方，也不要嘲笑、斥责，只要婉转地把意见表达出来，让孩子自己判断就可以了。

孩子看漫画书耽误了学习，该怎么办？

现在的孩子们十分喜欢看漫画书。他们饭前看、饭后看、晚上看，甚至还把漫画书带到学校去看。这样自然会引起家长的担忧：这么看下去，不把学习耽误了？在回答上述问题之前，不妨先明确这样一个问题：看漫画书算不算学习？答案应当是肯定的。

漫画书这类家长眼中的"闲书"是当今最令孩子们着迷的读物，它浅显易懂，形象直观，引人入胜，特别符合孩子的阅读特点。许多孩子对读书不感兴趣，对漫画书却爱不释手，漫画书成为他们认识、了解世界的桥梁和窗口。好的漫画书充当了孩子认识未知世界的"导游"，回答了孩子的"十万个为什么"。孩子们一翻开漫画书，新知识便源源而来。他们从中识字，学习语言，培养对生活的兴趣。所以，父母把孩子看漫画书与学习对立起来是不明智的。即使孩子因沉迷于看漫画书而影响了功课，父母也不能采用下达禁令或粗暴收缴的办法来解决问题。否则，孩子在逆反心理的驱使下，不仅会禁而不止，而且还会懈怠学习，作为对父母的报复。与其如此，不如选择一种孩子可以接受的办法。比如，给孩子耐心讲一下过分看漫画书的危害，教育

妈妈悟语：

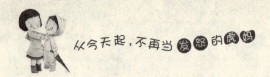
孩子摆正看漫画书与读书的关系。再比如，写下自己对孩子的期望，用书信的方式与孩子交流，让孩子理解你的良苦用心。

无论选择何种方法，都应记住：让孩子心服口服最重要。

妈妈悟语：

父母烦恼

你是否经常被孩子折腾得头昏脑涨？你的孩子是否常常和你作对？你面对自己的孩子是否总是束手无策？

不断听到父母这样诉苦：

"我女儿今年已经4岁了，性格倔犟好动。我每次教她学写字或者给她读故事的时候，她总是不听。要么就是没有表情，要么就是在写字的时候把手放在桌子下面。有时我看到她这样子，觉得不好继续，就教她先把笔拿好，可她还是那样，问她什么也不说，再要么就是拿旁边别的东西玩儿，把笔和纸推开。我都不知道怎么教她好。"

"孩子9岁了，动作慢，总是说话不算数。比如我周五晚上说周六去美术馆参观，早上7点要起床，洗漱吃早点半小时，7点半必须出门，可是到周六早上7点起床了，7点半却没有吃完早饭。我为了想让他去就延长了25分钟，可是到8点了他还没出门，换好鞋又进屋拿玩具，我只好说今天不去了，他又哭又闹。"

一个5岁的小女孩，睡前突然冒出这样一个要求："妈妈，我要吃麦当劳！"

"乖孩子，今天先睡觉，妈妈明天带你去买！"

"不！我现在就要！"

劳累了一天的妈妈眼看着就要被女儿逼得歇斯底里了。

一个11岁的男孩正面临升初中考试，放学一回家就玩起了电脑游戏，爸爸催他看会儿书，结果反遭白眼："我就是这样的人，要是对我不满意，那你们当初把我生出来干什么呢？"

如此种种，不一而足，当父母的你是否感觉到这些事就发生在自己身边呢？

我相信你会说："是！"一位儿童心理学家说："现在的孩子稍有不如意，就大发脾气。你要是批评上几句，孩子就越发变本加厉，有的孩子和父母怄气，还以纵火、偷窃相威胁，甚至采取更为极端的做法——这可不是危言耸听！"

各位父母，当碰到这种情况时，你会怎么办？恼羞成怒？歇斯底里？甚至拳脚相加？……是这样的吗？这样能解决问题吗？难道就没有更好的解决办法了吗？相信各位做父母的会问："我们怎样才能让孩子听自己的话呢？"……相信这样的问题会有一大堆。

在亲子关系中，我们要求孩子听从父母的话，轻松愉快地与我们合作。这是一项很艰难的工作，因为我们与孩子关注的焦点不一样。按照成人的逻辑，孩子应该守规矩、讲卫生、讲礼貌，但是孩子往往不在意这些，他们往往本着天性，甚至以自我为中心来做事情。想一想：有多少孩子会自觉自愿地洗澡、帮你做家务、写作业？许多孩子甚至根本不愿意洗澡！家长费尽心思调教孩子，让他们的行为符合我们的要求。但常常是，我们的态度越强烈，他们越是反抗。

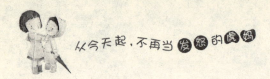

那么，我们是否可以从改变自己开始来改变孩子呢？首先让我们从理解孩子开始吧！

换位思考

请你静下心来想一想，在这一天当中，你要求孩子：应该做什么，不应该做什么。

例如：

应该做的：

○按时起床

○把玩具收好

○先洗手再吃饭

○吃饭时别打闹

○做完作业再去玩儿

不应该做的：

○在墙上乱涂乱画

○触摸电源插座

○口含玻璃球

○长时间看电视

○长时间玩游戏

上面你已经列举了在生活中你对孩子的要求,虽然不同的父母有不同的期待,对孩子的要求也不尽相同,但是大多数父母会用下面的方式来对待孩子。

下面是几种成人希望孩子配合时常用的方式。读每个例子的时候,你只要把自己置于孩子的位置,把自己想象成一个孩子,在听父母对你说话。仔细体会这些话给你带来了什么样的感受。

1.责骂式

"你这个不听话的孩子!告诉过你多少遍了,不要把衣服弄得这么脏,你怎么老是不听?你还笑是吧?……到底怎么回事?你能不能听点话?"

"笨死了你,这么简单的题都不会!"

……

如果我是孩子,我会这样想:

_____

_____

_____

_____

_____

2.恐吓式

"再乱摸,小心我打你手了!"

"你要再贪玩,还不走,我就不要你了。"

……

妈妈悟语:

99

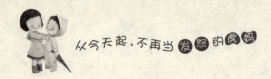
妈妈悟语:

如果我是孩子,我会这样想:

_____

_____

_____

3.命令式

"去,收拾一下厨房!"

"快点,赶紧给我倒点水去!"

……

如果我是孩子,我会这样想:

_____

_____

_____

_____

4.啰唆式

"你觉得骂人对吗?你骂别人,别人不骂你呀,啊!你整天说要听妈妈的话,你就是这样听妈妈话的吗?不打人,不骂人,你们《小学生守则》上没说呀,你是怎么学的?你这样别人还有谁愿意和你玩呀?你爸爸回来不揍你呀?"

……

如果我是孩子,我会这样想:

_____

_____

_____

_____

5.警告式

"当心,火会烧到你!"

"别往那儿走,你会掉到水里的!"

……

如果我是孩子,我会这样想:

_____

_____

_____

_____

6.抱怨式

"你就别嚷嚷了,成天给你做饭洗衣服,还想怎么着,想累死我呀!"

"你怎么就不争气,看见你妈满手的老趼了吧,都是因为你。"

……

妈妈悟语:

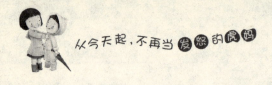

如果我是孩子,我会这样想:

妈妈悟语:

_____

_____

_____

_____

_____

7.对比式

"你说说你,哪点比人家丽芳差,怎么一考试就不如人家?"

"你看小敏啥时候也是干干净净的,你再看看你,什么时候也是脏手脏脸的,衣服也不自己洗,你要是有人家的一半我也就省心了!"

……

如果我是孩子,我会这样想:

_____

_____

_____

_____

8.挖苦式

"你可真是勇敢,知道要挨打,还敢考这几分回来!"

"这就是你承诺给我做的美味呀,估计连咱家的小狗都不愿意吃!"

……

如果我是孩子,我会这样想:

_____

_____

_____

_____

现在,你已经写下了你自己的感受。当然你也想知道,在这种情况下,别的孩子会有什么样的反应。根据我们的调查,孩子们通常会产生如下的想法。

责骂式:

○"什么好衣服,有这么金贵呀!"

○"衣服脏又怎么了,洗洗不就得了。"

○"说我不听话,那我就不听话好了。"

○"真烦人!"

○"你聪明,你来做呀!"

○"我就是这么笨,这能怨我吗?"

○"我怎么这么笨呀!"

恐吓式:

○"就乱摸,看你敢不敢剁我的手!"

○"妈妈真可怕!"

○"妈妈不爱我!"

○"他(她)怎么这样不近人情!"

○"你吓唬我,我不怕!"

妈妈悟语:

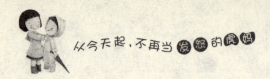

妈妈悟语: ⎯ ⎯ ⎯ ⎯ ⎯ ⎯ ⎯ ⎯ ⎯ ⎯

命令式:

○ "为什么总是我!我不想做这样的事情。"

○ "你自己为什么不去?"

○ "你是一个懒惰的人!"

○ "我受够了,想离开。"

啰唆式:

○ "听你这样说话,我烦死了!"

○ "爱怎么说怎么说,反正我不听。"

○ "这真是一件受煎熬的事情,我怎么才能摆脱!"

警告式:

○ "我自己知道,不用你说。"

○ "真有那么可怕吗,我想试试。"

○ "我什么都不会!"

抱怨式:

○ "我怎么这么没用,什么都做不好!"

○ "我究竟该怎么做呀,谁能告诉我?"

○ "是我不好,可是我该怎么做呀!"

对比式:

○ "是我自己没用!"

○ "真讨厌,他(她)好,你要他(她)去呀。"

挖苦式:

○ "我考试得这么几分,还不都是因为你!"

○ "你根本就是讨厌我,鸡蛋里面挑骨头!"

○ "我再也不做这种费力不讨好的事情了。"

现在我们已经从孩子的角度，感受到了用上面所讲到的8种方法教育孩子时，孩子应有的真切感受，他们会以自私、懦弱、无赖、逆反等方式来应对我们。

在现实生活中，孩子们表现得比以上所讲的更加复杂，让家长无力、无法应付。

那么，究竟有没有一套简单有效的方法来为我们解决这些难题，让孩子们自愿地与我们配合，在轻松愉快的氛围中自我成长呢？

下面是专家提供的技巧，它以我们和孩子相互尊重为基础，能够有效避免孩子们的自私、懦弱、无赖、逆反等抵触情绪，让孩子们愉快地与家长合作。

让孩子接受父母建议的 6 个技巧

妈妈悟语：

1.演示法

当孩子做错的时候，家长用正确的方法重新操作，引导孩子把事情做对。你可以这样说：

"其实，玩具是应该这样收拾的。"

"水是这样倒进杯子里的。"

如果你是位不合格的家长，你也许会这么说：

"谁玩的玩具，玩完不知道收拾呀？"

"怎么弄的，洒了一地水？"

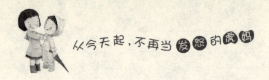
方法运用

一次，儿子从冰箱中拿出一杯牛奶，因为瓶子很滑，他没有掌握正确握住瓶子的技巧，一不小心，瓶子掉到地上了，牛奶洒了一地。

妈妈：我来示范，教你怎样握住瓶子才不容易掉，要看清楚呀！

儿子认真地学了起来。

2.点到为止法

在多数情况下，家长只要简单地提醒孩子注意到他该关注的事物，他自然就会做他该做的事情。你可以这样说：

"宝贝，脚！"

"小明，书！"

如果你是位不合格的家长，你也许会这么说：

"我和你说过多少遍了，晚上上床前，一定要先洗脚，你怎么不听！"

"第二天要用的课本，要提前放到书包中，你的脑袋是怎么长的，跟你说过多少次，你也记不住，是吧？"

方法运用一

父母与孩子交流思想情感要实事求是。无论是批评、表扬还是评价，都要切合实际，有理有节。当孩子有了一定的辨别事物对错的能力的时候，你只要点明你不满意的地方，孩子马上就会明白过来。

星期天妈妈去看女儿练琴，看到女儿的姿势不对，就想提醒女儿，可是这个问题已经提醒过好多遍了，当时很恼火，但是她忍住了，只是隔着窗户喊了一句"欢欢，你的胳膊！"一边说，还一边指给她。女儿看到妈妈的提醒，抱歉地笑了笑，纠正了姿势。

方法运用二

有这样一位父亲，他处理儿子的异性交往问题就非常智慧。有一天，儿子跟父亲说："爸，本人看上一个女生，漂亮、智慧、好心，我能跟她结婚吗？"

父亲说："好啊，但是，她看上你了吗？"

儿子自豪地说："她也看上我了。"

"那很好，你能被一个女生看中，说明你很了不起；你能看中一个女生，说明你的眼界开阔了。如果你将来想在县里发展，你就跟她继续交往下去；如果你想在市里发展，你将来就应该在市里去解决这个问题；如果你想到省里发展，你应该到省里解决这个问题；如果你想在世界发展，你应该出国解决这个问题。"

儿子听了说："那我就等等再说吧。"

这位聪明的父亲没有用过多的语言，而只是用幽默的方式点到为止，就给了儿子一个重要的人生忠告。

3.正面提醒法

当孩子不做某件事情时，并不一定是不想做，也许是忘记了，家长只要正面清晰地指出他该做的事情，事情就圆满解决了。你可以这样说：

"孩子，草地是不应该践踏的。"

"孩子，过马路一定要走人行横道！"

如果你是位不合格的家长，你也许会这么说：

"你又想挨骂呀，看不见公园'请爱护花草'的牌子呀！"

妈妈悟语：

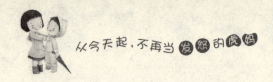

"不要命了你，车这么多还敢乱跑！"

方法运用

爸爸：我知道你刚到外婆家很高兴，好久没见到这么多小伙伴了，但是你也应该理解我们，我们并不想等到吃饭时间了，还看不见你的影子。

儿子：这次是个例外，爸爸，我保证不会有下次。

4.感受直陈法

当孩子打扰到你，或者他做了不该做的事情，你只要告诉他你此时的真实感受，也就等于是暗示他怎么做是对的。你可以这样说：

"我午睡的时候不喜欢有人在我旁边玩耍。"

"我不喜欢打架的孩子。"

如果你是位不合格的家长，你也许会这么说：

"快走开，你真讨厌，看不见我正睡觉吗？"

"今后绝对不许打架，再出现这种情况看我怎么收拾你！"

方法运用

客人来了后，孩子心里在想什么呢？他会想：一有客人，爸爸就让我到一边去，好像我是个讨厌鬼似的；其实我很想听听客人的谈话，最好也能和客人说几句。这种心理是孩子所共有的，是孩子表现欲和自主意识的自然流露。在这种心理的驱使下，被打发到一边去的孩子必然会把"不满"表现出来，想办法捣乱，一为泄愤，一为引起客人的注意。

孩子作为家庭中的一员，最好让其参与接待客人的活动，而不应让其走开。在客人到来后，父母要把孩子向客人作介绍，相互认识后，让孩子坐下来一块谈话。

如果实在有必要让孩子回避，家长就直接告诉孩子自己的想法，求得孩子的配合。

爸爸："我和王叔叔正在讨论一些工作上的事情，这非常重要，所以不希望有人打扰！"

孩子略微思考一下，然后说："那好吧，爸爸，我离开，可是等你们讨论完了，我可以找王叔叔吗？"

爸爸："好的，孩子！但必须是在我叫你的时候。"儿子乖乖地走开了。

5.点明事实法

当你给孩子表述出某件事情的现状的时候，孩子就会思考产生问题的原因。你可以这样说：

"孩子，你的花都快渴死了！"

"孩子，爸爸的书好像不是在这儿吧！"

如果你是位不合格的家长，你也许会这么说：

"你要是喜欢花，就给我把它养活，要不，你干脆就别养！"

"你看完书，最好给我放回书架，否则你别想再看了！"

方法运用

妈妈：我看见两个人，一个大人和一个小孩，还没洗手就想吃饭！

他们父子俩互相看了看，然后，爸爸跑到卫生间洗手去了。几秒钟后，孩子犹豫了一下也跑进了卫生间。

几分钟后，妈妈看到卫生间的地上都是水，又差点要大吼。但这时候，她要求自己静下心来。

妈妈：我看到卫生间的地上都是水！

儿子跑去拿来拖把，说："我来处理！"5分钟后，他叫妈妈

妈妈悟语：

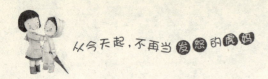

去看。

如果不是亲眼所见,妈妈不会相信他做得这么好。

6.文字提醒法

相对于家长惯常的方法,文字的提醒更能引起孩子的注意。你可以在纸条上这样写:

"今天妈妈加班,饭在锅里,吃完饭不要乱跑,早点做作业。"

"爸爸知道今天对你的态度不好,原谅爸爸好吗?"

方法运用一

当唠叨无效时,父母就要用孩子能够接受的方式去提醒他。

晚上,孩子又想玩游戏,但是电脑前有父母的留言字条:"你必须在8点钟去洗澡,因为你需要读一段时间书,然后再睡觉。"孩子虽然不情愿,但还是放弃了玩游戏的念头。对于父母的这类提醒,大多数情况下孩子会照着去做的。

方法运用二

儿子只有8岁,还在上小学二年级。刚开完家长会的刘福十分恼怒,因为任课老师面红耳赤地告诉他,说儿子竟一次作业也没交过。当时刘福火冒三丈。

回到家里,刘福看了看表——都放学半个小时了,儿子怎么还没回家?刘福越发生气了:这小子又出去玩儿去了?刘福冲出门去,忽然看到儿子坐在门前的台阶上,刘福不由得举起巴掌,儿子听到声音,猛地一转头,看到了刘福的巴掌,儿子的目光中顿时流露出恐惧。这时,刘福忽然看到儿子的膝上放着书本,握着铅笔的小手冻得通红。刘福举起的巴掌缓缓地落下了。

刘福赶忙拉起儿子冰凉的小手，边搓着，边把他拉进家中。

吃晚饭时，刘福和儿子的谈话也尽量避免家长会的话题，可儿子眼中的恐惧和迷茫仍然没有消失，刘福的心也痛了起来。在儿子进卧室前，刘福写了一张这样的纸条："好儿子，你如果能及时、认真地做完作业，上课认真听讲，爸爸相信你是最出色的！"

第二天早上，餐桌边有张纸条："爸爸，对不起，我知道错了。我会努力的！！！"那三个重重的感叹号和纸条上的斑斑泪痕，令刘福既想笑又想哭——儿子长大了。

此后，刘福父子俩不断通过纸条交往，儿子的成绩直线上升，老师的表扬声时常入耳。

以上专家为你提供的这几项方法，虽然并不一定每个方法都适用于所有的孩子，也不是每项方法每次都能有效地帮你解决问题，但是它们让你意识到有必要改变以往教育孩子的态度和方法，试着倾听与理解孩子，学会鼓励孩子合作，并且不留下负面感受。

这几项方法可帮助我们和孩子建立起互相尊重的平台，而互相尊重正是合作的开始。

妈妈悟语：

听与说练习

你可以利用孩子上学，或者在家自己安安静静玩的时候，抽几分钟时间练习这些方法。在真正的突发事件发生之前，先假设几个场景操练。

练习一

你走进卧室，看到孩子正涂抹你的化妆品。

A.通常你会用什么样的方式对孩子说？

B.运用下面所列的方法得到孩子合作。

演示法：＿＿＿＿＿＿＿＿＿＿＿＿＿＿＿＿＿

点到为止法：＿＿＿＿＿＿＿＿＿＿＿＿＿＿＿

正面提醒法：＿＿＿＿＿＿＿＿＿＿＿＿＿＿＿

感受直陈法：＿＿＿＿＿＿＿＿＿＿＿＿＿＿＿

点明事实法：＿＿＿＿＿＿＿＿＿＿＿＿＿＿＿

文字提醒法：＿＿＿＿＿＿＿＿＿＿＿＿＿＿＿

练习二

A.你正在做饭，可是你的孩子总是围绕在你旁边，你怕他出危险，想让他离开。你运用了哪项方法？

B.你的孩子吃饭的时候总是磨磨蹭蹭，不愿意吃。你运用了哪项方法？

C.你的孩子把刚刚收拾好的房间弄乱。你运用了哪项方法？

D.你发现孩子最近撒谎了。你运用了哪项方法？

现在就把这些方法运用到亲子沟通中，看一下你前面所列的每天要求孩子"应该做的"和"不应该做的"事情。孩子与你的合作是否变得顺畅了呢？

妈妈悟语：

第五章

怎样让孩子改变对自己的认识

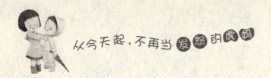
妈妈悟语：

孩子太任性，什么事情都得由着他，该怎么办？

在日常生活中我们要么一味地以孩子为中心，对孩子的各种行为、各种愿望都听之任之；要么就是把自己的想法、感觉强加于孩子，对孩子的声音和想法全都忽略。事实上，一旦环境发生了变化，他就可能由主角变成配角甚至是不被重视，或者由原来的经常被人忽略变成受人瞩目。怎样让孩子来适应这种角色的转变，调整心态来适应新环境是非常重要的一件事。家长应该运用以上所学的方法，帮助孩子适应新的变化，以便他们进入社会后，能及时调整心态，适应不断的变化。

孩子还小，不敢让他帮忙做家务，可是拒绝他，孩子又不高兴，该怎么办呢？

孩子终究是孩子，他们想征服一切，但总是很难如愿。他们难以把衣服洗得干干净净，扫地、做饭也许会惹出一大堆麻烦，有些父母便以此为理由关闭了孩子尝试生活、走向进步的大门。

对此，教育专家忠告广大父母，不能忽视孩子在一些事情上的尝试，尝试的结果即便是失败，那么，经过下次、再下次，孩子总会从失败走向成功。因此，看到孩子主动要求做力所能及的事，父母应大开绿灯，鼓励孩子不妨一试。孩子若事情做得还可以或基本合格，父母就点点头，笑一笑；做得不好，父母就指点一二，帮一帮。孩子敢于向新目标攀登，敢于对自己的能力提出挑战，是一种弥足珍贵的品质，这会使他们早日走向成熟。

孩子像个"小·大人"，很爱吹牛，该怎么制止呢？

孩子在"我是一个大人"的心理驱使下，有时候会呈现"吹牛"的特征。吹牛对孩子来说，是一件再平常不过的事。父母对此既不要大惊小怪，也不要横加指责，因为孩子的吹牛与大人的吹牛是性质完全不同的两回事。

首先，丰富的想象力正是3~6岁儿童心智发展的特征之一，然而他们尚无能力完全分辨想象和事实之间的差别，加上现在孩子所喜爱的动画片常常把想象力发挥到极致，采用许多十分夸张的语言、动作，使孩子信以为真，便把想象的事当真了。譬如孩子之间就常有这样的对话："我爸爸力气很大，可以把冰箱搬起来。""我爸爸力气更大，可以把房子搬起来。""那有什么了不起，我爸爸最厉害，用一根手指头就可以把地球举起来了。"实际上他们可能对自己所描述的情况也不是很清楚，夸

妈妈悟语：

117

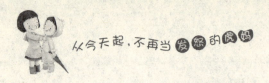

大其词的言语只是在想象力的发挥和不服输心理的驱使下自然出口的。

其次，有时孩子的吹嘘可能只是在把心中的愿望表达出来。如一个男孩跟同学说："昨天我妈妈给我买了一个跟我一样高的神奇宝贝。"实际上他妈妈并没有买，他看到同学有类似的玩具，心中羡慕，也希望能拥有一个，便通过吹嘘来表达"你有，我也(期望)有"的心理，并不是有意说谎。

再次，有些孩子在正常的情况下无法引起别人的注意，因而希望以夸张的言辞将别人的注意力吸引过来。如上科学课时，老师问大家："有没有同学在动物园里看过大象？大象会做什么？"总会有孩子举手发出惊人之言："我骑过大象。""我看过大象飞！"……还有一个原因，就是孩子喜欢表现自己，认为别人都会为自己的表现感到惊奇。因为从以自我为中心的角度来看，凡是孩子认为新鲜、陌生的事物，他便推想别人也会感到新奇、新鲜。如一个女孩刚学会打蝴蝶结，就到处宣扬自己的心灵手巧，急于表现给别人看，表示"我会，你不会吧！"

当然，有时父母为了凸显自己的能力，不经意间会在人前有夸大、炫耀的情况出现，孩子耳濡目染之下，难免也学会了这样的言行。

要想让孩子少吹牛，也有办法：

(1)对于想象力丰富的孩子其实不必过于苛求。父母听到一些夸大的童言童语，以一种赞扬、惊喜的眼光看待，可满足孩子爱表现的心理，亦能使家庭生活增添一些乐趣。

(2)多充实孩子的生活经验。借参观、旅游、阅读等机会，带领孩子多看、多听、多接触不同的人、事、物，可以缩短孩子的想象世界与实际生活的距离。这样，孩子说出来的话自然就会比较真实可靠了。

（3）不要刻意去戳破孩子的"牛皮"，或嘲笑其夸张。如遇到孩子不好好吃饭时父母会说："不吃饭就不会长高。"这句话可能会激起孩子的想象，说："那我要长得像长颈鹿那样高。"对于这样的"吹牛"，家长先不要急着把他拉回现实，而可以顺着他的话去说："嗯，你要多吃一点就会长得高！"既给了孩子想象的空间，也达到了要他好好吃饭的目的，还不会伤害他的自尊心。

（4）以理解、接纳或一笑了之的态度对待孩子的夸张，而不要以生气、责骂的方式逼孩子说实话。家长甚至还可以和孩子一起玩玩吹牛、想象的游戏，带自己回到童真的年代，也帮助自己进入孩子的想象世界，使亲子关系更加亲密。

（5）了解孩子爱夸张这一现象背后所蕴涵的意义，引导他说出内心真正的感受。如孩子对同学吹嘘拥有一个与自己一样高的神奇宝贝玩具，除了说明他有好胜的心理，不愿被孤立外，其实也说明他渴望父母也能给自己买一个神奇宝贝。父母应心平气和地听孩子说说自己的感受和期望，找准问题的关键，这样才能解决问题。若孩子表现良好，家中经济条件也允许，就给他买一个神奇宝贝；若经济有困难，或家中玩具太多，就说明理由为什么不能再给他买，或另寻解决之道（如亲子共同制作等），避免孩子遭拒时产生心理不平衡。

（6）与其告诉孩子"大家都不喜欢吹牛的孩子"或"不要那么爱表现"，不如把注意力放在孩子的优点上。如对那个会打蝴蝶结的女孩，可以请她帮忙替自己打蝴蝶结，让她有表现的空间。聪明的父母会不时地给孩子戴戴"高帽子"，使其感受到自

妈妈悟语：

119

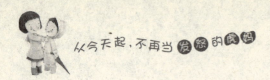

妈妈悟语：

己的能力受到重视，继而巧妙地提出要求，轻松地达到教育子女的目的。

孩子总爱问一些奇怪的问题，该怎样回答呢？

孩子坐在那里自言自语，说明他正沉浸在想象的世界里，犹如在演戏，或和好朋友"谈话"，或模仿想象中的事物。此时父母若出声责备，极有可能坏了孩子的一场"好梦"，使之失掉一次锻炼思维能力和想象能力的好机会，也许还会就此失去思考的兴趣。

一位父亲曾经亲身经历过这样一件事：

上小学三年级的儿子有一段时间常常发呆，若有所思。一次，父亲上前一问，他突然冒出了这样一个问题：小鸟和飞机有什么不同？

父亲知道儿子对此已经有了一定的思考能力，便与他进行了交流。果然，儿子告诉父亲说小鸟和飞机有很多不同，比如，小鸟是动物，飞机不是；小鸟仅能飞得像楼房那样高，而飞机却可以飞得很高很高；小鸟吃虫，飞机喝油；小鸟会唱歌，飞机可以把人运载到万里之外……

父亲恍然大悟：儿子已懂得在比较中寻找事物的差别、在比较中开始进行独立的思考了。

周围人对孩子的评价会对孩子产生什么样的影响呢？

从心理学的角度来讲，儿童对自己的评价大多来源于周围人对自己的评价。如果周围人给他的评价是积极的、肯定的，那么他就会觉得自己能行，就会在生活中树立起自信心来。反之。如果周围的人总是给他传递一些消极的评价，如批评、指责、打骂，孩子们就会觉得自己一无是处，从而在心理上产生自卑感、无能感，甚至产生破罐子破摔的想法。

也有的父母会说："我怎么发现不了孩子的优点呀？我总觉得孩子一无是处，怎么夸奖他呀？和别人家的孩子比，他还差远了，我怎么表扬他呀，一表扬不就骄傲了吗？"其实，有这种想法的父母是在用一种挑剔的眼光看待孩子。

当然，并不是说父母用"挑剔"的眼光看待孩子一定不对，关键问题看你"挑剔"的是什么。如果你"挑剔"的是孩子的缺点、短处，那么你传达给孩子的肯定是消极的信息；如果你"挑出"的是孩子的优点，那么，你自然会肯定孩子、赞扬孩子。

妈妈悟语：

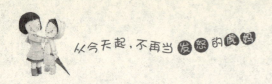
父母烦恼

生活中经常见到这样的情形:

不少家长抱怨:"孩子们跑来跑去,一刻也不得安宁。他们调皮任性,整天和你对着干,他们胆大妄为,随时都会淘出个新花样……"

一位母亲说:"我的女儿做什么都特别磨蹭,做游戏、穿衣服、吃饭等,都比同龄的孩子慢得多,效率特别低,怎么跟她讲都听不进去,只有跟她嚷嚷,她才能快一点,但是下一次还是那样——和她爸一样。"

一位父亲情绪很激动,气呼呼地说:"这个臭小子,学习不努力,还老爱撒谎!缺少买零食玩游戏的钱,就对他妈妈说学校要交费用。今天假装生病,连老师都敢骗。这真不得了了,刚才被我狠狠地揍了一顿……"

还有一对年轻父母,说自己的孩子是一个"胆小鬼",说孩子"害怕"的问题太多:怕黑、怕高、怕水、怕见生人等。妈妈一味地担心,爸爸则一口咬定:"这孩子,没出息,一点不像我!"

……

这些都是日常生活中父母对孩子经常说的话,这些话当时并没有错,也许你的孩子在你眼中就是这样。问题是,孩子还有很大的发展空间,具有不可预知的可塑性,而在你不断地重复这些话的时候,如果孩子听见了,无形中你的孩子会给自己一个定位,这就是你给他的定位,他抛弃了他原本的自己,变成了你所说的那种孩子。

例如,有些孩子胆小怕事,不敢尝试新的东西,这其实与父母亲给孩子的评价有直接的关系。因为孩子在认识世界的初期,对一切都充满了好奇,喜欢尝试新的东西,这种天性是孩子不竭创造力的来源,是应该受到绝对保护的。但是家长却否定了孩子的这种创造力:"不行"、"不能动,你会弄坏的"、"你不会,你还小呢?"……孩子还小,做事情难免会出现这样或那样的错误,这是肯定的。问题就在于此,父母亲不恰当的批评,给孩子贴上了"自己不行"的心灵标签。在毫无遮掩的怀疑中,孩子对自己产生了怀疑,并渐渐发展成对自己极端的怀疑。

同样的道理,自私、冷漠、爱撒谎、脆弱、依赖心强……孩子这些坏毛病,往往也是父母不恰当的批评方式造成的。因为,当你痛心疾首用上面这一系列词语来形容你的孩子的时候,孩子就会真的按照你给他的定位去做。当你说孩子是个坏孩子的时候,孩子就会想:原来我是个坏孩子。

为了更加清楚地理解家长如何看待孩子会对孩子有什么样的影响,下面我们假设几个场景,把你自己想象成那个孩子。

从今天起,不再当发怒的虎妈

妈妈悟语:

123

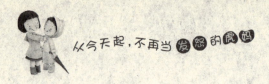

妈妈悟语：

换位思考

情境一：

你9岁左右，一天你看见妈妈正在包饺子，你问妈妈是否可以一块儿包。

妈妈：作业写完了吗，有不会的吗？

孩子：写完了，没有不会的。

妈妈：那今天老师讲课的内容，你都会吗？我一会儿检查你的作业。

孩子：那我现在能学包饺子了吗？

孩子说着就动手包了起来……

妈妈：咳，你是怎么弄的，怎么这样拿皮，弄得满手都是面，你看着妈妈点行吗，不要放那么多馅……（边说边对孩子露出无可奈何的表情）

你认为父母是怎样看待你的：

_____

_____

_____

_____

_____

你的心里会有什么样的感受：

_____

_____

_____

_____

_____

情境二：

和上述情形一样。

孩子：妈妈，我能和你一块儿包饺子吗？

妈妈：你没有别的事情做了吗？干吗不去和爸爸一块儿玩

游戏呢？

孩子动手拿了一个皮就包了起来……

妈妈：别乱动，都弄脏了！你能不能别在这捣乱了！

孩子：妈妈，你怎么这么说呢……

妈妈：好了，就这一个，出去玩儿去！

你认为父母是怎样看待你的：

_____

_____

_____

_____

妈妈悟语：

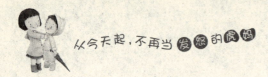

你的心里会有什么样的感受：

_____

_____

_____

_____

_____

情境三：

和上述两种情形一样，你走近妈妈想学包饺子。

孩子：妈妈，我能和你一块儿包饺子吗？

妈妈：当然可以，过来吧！搬把椅子坐在妈妈旁边。

孩子高兴地搬过来一把椅子，坐在妈妈旁边。

妈妈：好，现在你开始包，妈妈看看你的水平。

（孩子开始学着妈妈的样了做起来）

妈妈：还是差一点，来看着妈妈……好，你再包一次。

（孩子又开始学着妈妈的样子做起来）

妈妈：这次不错，进步了呀！只要你肯学一定能包得很好的。

你认为父母是怎样看待你的：

_____

_____

_____

_____

你的心里会有什么样的感受：

_____

_____

_____

_____

现在你完成了练习，你的感受也许是这样：

当你感觉到家长认为你笨的时候，内心很沮丧，而且自信心也受到了打击；而当家长认为你很烦人的时候，你觉得父母不喜欢自己。

你惊讶于你上面写的感受吧，只是短短的几个例子就足以让你体会到父母的态度对孩子的重要性。

有时候父母只是一个眼神，一个动作，甚至一种说话的语调就足以全盘地否定你，让你心生波澜。你是一个受欢迎的孩子还是一个让人讨厌的孩子，有时候父母只需一种态度，就能告诉你。

现在你知道了父母看待孩子的方式对孩子的影响有多重要，这不仅能影响到他们对自己的定位，而且在以后的行为中也有着重要的影响。

当你被认为是一个不受欢迎的孩子的时候，你是选择沉默还是选择用更加不听话的方式报复你的家长呢？

当你始终受到周围人的欢迎，你是否会一直用这种方式去做事呢？不管遇到任何困难都不改你的初衷，这你能做到吗？

你的答案也许并不确定，因为周围人已经给你定了位，你

妈妈悟语：

_____

_____

_____

_____

_____

_____

_____

_____

_____

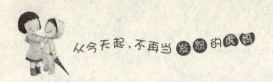

会习惯地出演这个角色。但是你会禁锢在这个角色中,还是想从这个角色中解放出来,不同的人会有不同的感受,而且事实上这确实还取决于你周围人的鼓励程度。

下面是专家提供的几个技巧,家长不妨从自己开始,试着来改变你的孩子。

妈妈悟语:

让孩子改变自我认识的 6 个技巧

1.家长要帮助孩子找到自己的长处

孩子是怀揣发现和探索世界的强烈梦想来到这个世界的,家长应该鼓励孩子保持这方面的好奇心,对他们所做的事情报以热情的回报,每一次鼓励都有助于孩子对自己的劳动产生强烈的自豪感。

如果你的孩子经常抱怨没有玩具可玩儿,可是有一天自己用废弃的纸盒制作了一个玩具,你也许应该这么说:"真没想到废弃的纸盒还会有这种用处,你是怎么想到的呢?"

如果你的孩子经常忘东西,可是有一天你也忘东西了,他却提醒你正确找到了你的东西。你也许应该这么说:"我当时真是太匆忙了,只顾着要出门,却把这份重要的文件给忘了,多亏了你我才能找到。你是怎么记住的,你只见过一次,你的记性真是太好了!"

如果你的孩子是个"破坏之王",经常毁坏东西,但是有一天你发现邻居小妹妹送给他的玩具都一个月了，仍然完好无损，这对于他是一个极大的进步。你也许应该这么说："邻居小妹妹送给你的玩具都一个月了，现在还和新的一样，你是怎么做到的呢！"

你的孩子比较任性，如果不能满足他的条件就会哭闹，可是今天即使你没有给他买到想要的玩具，他也没有像往常那样哭闹。你也许应该这么说："我还是喜欢你这个样子，我会尽量满足你，如果你能继续保持这个样子的话！"

方法运用一

刘帅是一名学习基础薄弱、不注意听讲的小学生，经常不完成作业。但是，刘帅在家里却是一个非常听话的好孩子。他非常孝敬自己的妈妈，尤其在其父亲突遇车祸去世后，他替妈妈分担繁重的家务，是家里的"小男子汉"。

一次，刘帅的妈妈特意给儿子做了一些孩子喜欢吃的食物，但是量不多。刘帅吃了几口以后，就对妈妈说自己已经吃饱了，并一再告诉妈妈多吃一点。这让妈妈感到很意外，孩子已经长大了，懂得疼妈妈了。妈妈禁不住为自己的儿子感动得流出泪来。

后来刘帅的妈妈特意把这件事情告诉了老师，希望老师能够以此为契机，多多表扬孩子，让孩子在学习上充满热情，积极要求进步，改掉坏毛病。班主任在刘帅妈妈的安排下，特意在课余时间推荐学生阅读一篇教育学生孝敬父母的文章，并借此机会在班上表扬了刘帅，同学们都热烈地为他鼓掌。刘帅的脸上洋溢着幸福与自豪。班主任接着说："刘帅，你是一个多有爱心的孩子啊！老师相信你在学习上也能严格要求自己，不但能把

妈妈悟语：

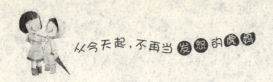

妈妈悟语：

作业完成好，而且经过努力后，成绩也会得到提高。同学们都相信他吗?"同学们更加起劲地用掌声鼓励他。刘帅激动得脸都红了，此时的他发现了自己身上具有的，而一般孩子还不具备的长处，上进心和自信心被完全调动了起来。从此，他每天都能按时完成作业，作业写得也越来越认真，上课时还特别遵守纪律。

方法运用二

一天妈妈和儿子去公园玩。因为要带着数码相机，所以他们没有带包，但是妈妈穿的衣服没有口袋，钥匙和钱包没地方放。

于是，妈妈对儿子说："妈妈把钥匙、钱包放到你的口袋里好不好?""放我这里，妈妈放心吗?"儿子有点担心。"没事的，妈妈放心!"说完，妈妈把钥匙、钱包都放在他的上衣口袋里，并轻声对他说："你要小心点儿!"

公园里，儿子玩得很高兴，也出了一身的汗。他想脱掉外衣，于是对妈妈说："我想把外衣脱了，好热啊!""可以啊，脱了吧。"妈妈随口答应了。

这时，儿子又说："妈妈，我把钱包和钥匙放在裤子口袋里吧!""哎呀!"妈妈轻叫一声，"对啊，我都忘了你还装着钱包和钥匙呢，你真是个细心的孩子!"

有时候，孩子的细心会超乎父母的想象。这时，需要父母及时发现孩子细心的优点，赏识并赞扬孩子。

让孩子从你的赏识中感受到你的欣喜，这样不仅会在孩子心中留下美好的印记，而且能让孩子在以后养成良好的生活习惯，增强自信。

方法运用三

阳阳的玩具是令妈妈烦恼的大问题，虽然妈妈给他准备有专门的玩具箱，但他很少把玩具放进去。相反，他总是把玩具丢得到处都是。然后他找不到时又会吵着向妈妈要，总要浪费妈妈很多时间替他到处找玩具。

多次教育无果后，妈妈开始用家长最常用的方式——唠叨和责罚。但这些方法非但没有改变孩子的坏习惯，反而让母子的关系变得很紧张。

正当阳阳的妈妈发愁时，偶然看到了一篇介绍驯兽师如何训练猛兽的文章，大受启发，决定对那可爱而又固执的儿子也实行此法。

正巧妈妈看到儿子把一个玩具放到玩具箱里，就立刻连声夸奖，还亲了他一下。而当他把玩具扔到床下时，妈妈一言不发，就当没有看见，并不责怪他。

以前妈妈越怪他，他就越故意把玩具乱丢，仿佛赌气似的。现在发现妈妈对此没反应，他这种举动越来越少了，而且在妈妈的鼓励下他开始把玩具都放到玩具箱里了。

2.家长要让孩子用行动来改变自己

让孩子走出自己的心灵标签，最好的办法是让孩子在行动中改变自己。那么就不妨分担一些责任给孩子，给孩子一个表现的机会，让孩子发现一个不同的自己。

如果你的孩子经常贪玩，一放学就看不到人影，可是今天奶奶要来。你也许应该这么说："峰峰，妈妈下午要上班，奶奶3点钟要来咱们家，钥匙给你，你负责在家等奶奶来。"

如果你的孩子经常粗心大意，让他买东西经常不是忘了这

妈妈悟语：

131

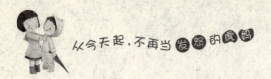

个就是忘了那个,现在你又让他买东西。你也许应该这么说:"现在妈妈给你两个袋子,一个买洗衣粉,一个买你最爱吃的饼干,这是足够你用的钱。"

如果你的孩子喜欢好吃的东西自己独享,可是今天家里来了客人。你也许应该这么说:"这是妈妈新买的糖果,去分给大家吧!"

如果你的孩子是一个懒于动手动脑的孩子,今天椅子上有个螺丝松动了。你也许应该这么说:"孩子,今天这把椅子出了一点问题,你能解决吗?

3.及时对孩子的进步进行确认和表扬

如果你的孩子是一个"爱哭鬼",经常动不动就哭泣,可是今天他输液的时候至少忍住了哭泣。你也许应该这么说:"孩子,今天你真勇敢,输液的时候没有哭,所有人都夸你勇敢呢!"

如果你的孩子很胆小,做什么事情都畏首畏尾的,可是今天他特别勇敢、镇静,帮了你一个大忙。你也许应该这么和人说:"你知道吗,今天明明真是太勇敢了,我做饭的时候锅着火了,当时吓得我真不知道该怎么办了!幸亏明明在我旁边,他告诉我应该盖上锅盖。事情就这样解决了,我真为明明的镇静思考感到骄傲!"

方法运用一

家宝今年8岁,上小学二年级。她喜欢学习,喜欢接受新知识,尤其喜欢上科技课。

每天上学放学的路上或是晚上散步时,家宝总是唧唧喳喳地问妈妈:"芙蓉树的叶子为什么到了晚上就关闭了,是睡着了吗?"、"小蜜蜂是怎样采蜜的?"……无数个问号,百问不厌。

有一天，家宝的妈妈下班回到家，还同往常一样一边叮嘱家宝写好作业，一边在厨房忙活晚饭。妈妈做好饭，却发现家宝的作业只字未动，此时，她正趴在餐桌上看什么，非常专注。妈妈走上前去一看，原来只是一滴水而已，妈妈不禁大为恼火，不容女儿辩驳，便是一顿训斥、责骂。家宝可怜巴巴地看着妈妈，满眼的不满与委屈。

几天后，家宝的妈妈在路上，偶遇女儿的科技老师，听老师说，家宝真是个有心的孩子，今天的科技课上学习《放大镜》一课时，她举出小水滴便是一个放大镜的例子，引发了同学们的一场争论，老师还说，这孩子对科学兴趣很浓。妈妈不禁想起了那天的事，很后悔自己的草率。

回到家里，妈妈故意创设了一个情境，将玻璃杯装满水，把报纸放在杯后，边看报便装作惊讶的样子说："家宝，快来看，妈妈这儿有一个自制放大镜。"家宝倒不计前嫌，走过来，看了看妈妈的"发现"，然后不以为然地说："这有什么，看我的。"说着，将杯里的水倒出一水滴，自豪地说："这是最简单的放大镜。"妈妈装作不信，家宝就撕了一小块带字的纸片，轻轻放在水滴下。果然，字被放大了，家宝的小脸上充满成功的喜悦，她兴致勃勃地给妈妈讲述起其中的道理。

趁此机会，妈妈表扬了女儿善于观察、善于发现的优点。看得出，家宝的心里美滋滋的，而在妈妈的心里，也悄悄地进行了自我批评。

不久后的一天，妈妈又发现家宝在厨房里小心翼翼地一手扶着瓶子，一手捏着酱油袋，将袋口对准瓶口，看上去动作有些颤颤巍巍。当酱油开始稳稳地注入瓶口时，妈妈惊奇地发现女

从今天起，不再当发怒的虎妈

妈妈悟语：

133

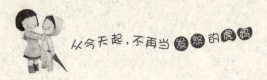

妈妈悟语:

儿做了一个创造性的动作:她用剪刀在袋底的一角上也剪了一个口子。妈妈不禁惊讶地问她为什么这样做,家宝说让空气钻进袋子,给酱油加把劲。太棒了,简直是一个创举!妈妈兴奋地叫好。

家宝的妈妈发现了孩子在科技上的进步之后,及时对孩子的进步给予确认和表扬,激发了孩子的学习积极性和创造力。

方法运用二

郭静远的字写得很糟糕,爸爸就教她如何写字。

开始,孩子写一篇字的时候,整篇字的确很差,爸爸并不是挑剔哪些字写得不好,让静远去改正,而是非常仔细地在这篇字里找出了一个相对比较好一点儿的字用红色的笔圈上,然后对静远亲切地说:"你这个字写得很好,坚持!"静远的脸上浮出一丝笑容,信心倍增。

后来,静远在写字的时候就老盯住那个被红笔圈上的字,照着写。这样爸爸开始圈两个、三个……更多,渐渐地静远的字也写得越来越漂亮了。

静远之所以在写字上发生这么大的变化,主要是因为爸爸挑出静远写得好的,哪怕就是那么一点点,加以夸奖,进行正向强化,从而增强了孩子的自信心。如果爸爸进行的负向强化,批评孩子那么多字写得不好,孩子就会记住那些写得不好的,可能会因缺乏自信心而越写越差。发现孩子的进步,及时地对孩子的进步进行确认和表扬,就会将孩子成功的希望无边地延伸开,这样孩子对事情就越做越好了。

4.家长要以自身的做法来影响孩子

如果你的孩子经常为考得不好而沮丧,这一天他又拿着考得不好的卷子回来了。你也许应该这么说："嘿，告诉你一个不好的消息，妈妈这次的考试也没有通过，不过我要更加努力，争取下次通过。为了鼓励咱们俩，我决定了，今天请你去外面吃饭。"

如果你的孩子做事没有计划，总是"想到一出是一出"。今天你发现她的房间很乱。你也许应该这么说："孩子，今天应该收拾一下你的房间了，如果再不收拾的话，我怕都进不去脚了。上午你可以先收拾，下午把要洗的衣服洗了。"

方法运用

小凤放学回家后抱怨老师当着全班同学的面向她大声斥责。妈妈听后把腰一叉，用质问的口气说："你干什么坏事了？"小凤瞪起眼，很生气地说："我什么也没干！""不会吧，老师不会无缘无故地斥责学生。"妈妈说。

小凤重重地坐在椅子上，一副不开心的样子盯着妈妈。妈妈继续责问："那么你打算怎样解决这个问题呢？"小凤很倔犟地说："什么也不做。"如果这样再问下去，母女之间一定会对立起来，什么问题也解决不了。

此时，妈妈改变了态度，用一种友好的语调说："我肯定你当时觉得很尴尬，因为老师在全班同学面前斥责你。"小凤有些怀疑地抬头看了妈妈一眼，妈妈接着讲："我记得我上四年级时，同样的事发生在我身上，其实我只是在算术考试时站起来借了一支铅笔，老师就让我下不了台，我感到十分尴尬，也很气愤。"

小凤露出疑惑的样子，问妈妈："那您当时是怎么做的呢？"

"很简单，以后我就多准备了一支铅笔。"妈妈说。

妈妈悟语：

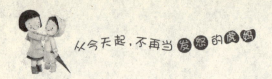

"真的?我也只是在上课时要求借一支铅笔,因为我没有足够的铅笔,我真的觉得为这么简单的事,老师教训我,不公平。"

"是这样。但你能不能想出办法,今后可以避免这种尴尬的局面呢?"

"我也可以多准备一支铅笔,那就不用打断老师讲课而向别人去借。"

"这个主意不错。"

5.说出孩子曾经的事迹

孩子:妈妈,今天体育课上老师教我们的舞蹈就我没有学会,老师说我的肢体语言太生硬了。

妈妈:我可不这样认为。我记得你上幼儿园的时候,老师教的舞蹈你学得很快呀!还有咱们开家庭聚会的时候,你总是最活跃的呀,每次你总能模仿爸爸的舞步。

孩子:妈妈,是那样。

妈妈:还有去年,你可是咱们家里第一个学会游泳的人,爸爸妈妈还没学会,你就学会了呀!

孩子:谢谢妈妈,我想我一定能学会。

方法运用

孩子打坏了邻居家的玻璃,可是又怕挨罚,所以就把整件事情隐瞒了起来。

妈妈:小明告诉了我全部的事实,关于他家的玻璃的事。

孩子:没有,那不是我,我没做过。

妈妈:孩子,事情已经发生了,我不想讨论你是否撒谎了,现在我只想知道你打算怎么弥补自己的错误。

孩子:是小明说可以在他家门前玩的。我不是故意的,很多人都可以作证的。

妈妈：我知道你不是故意的，但是问题是小明的妈妈很生气，你打算怎么办？

孩子：我不敢去他们家道歉。

妈妈：这可不是你原来的样子，还记得你和你哥哥小的时候，你们把我最喜爱的金鱼给弄死了，是谁首先承认错误的？是你，孩子！妈妈希望你永远做个诚实的孩子！

孩子：妈妈，可是小明的妈妈那么凶，我怕……

妈妈：也许你可以写封信，孩子。

6.告诉孩子你的感觉和期望

你的孩子经常乱放东西，这一次他的玩具又放在了客厅里，玩完了也没有收拾。你也许应该这么说："我不喜欢看到你的玩具乱放，不玩的时候你最好把它们收拾好。"

你的孩子经常为一些小事而生气，今天爸爸的几句玩笑话又惹得他独自生闷气了。你也许应该这么说："我希望你不要这样，爸爸的话只是随口说的，再说爸爸也已经向你道歉了。"

帮助孩子从不同的角度认识自己，这的确不是一件简单的事情，需要父母不断地去暗示，去提醒。最难的就是持之以恒，这也是每位家长最为担心的，因为你对孩子的评价不是一天形成的，当然让孩子意识到你改变了对他们的评价也不是在短时间内就能完成的。当孩子一再地重复他们以往的错误时，这时不仅需要父母原谅他们，尽量地不发作，也需要父母尝试用以上的方法去帮助孩子从消极的自我定位变成积极的自我定位。

方法运用一

上小学时，李凡每逢看到别人捧回家的奖状犹如捧着元宝

妈妈悟语：

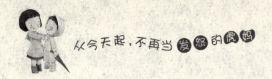

妈妈悟语:

一样金贵,心里羡慕得要死。妈妈看他眼巴巴的样子就说:"今后你也好好学习,领回一张奖状让他们瞧瞧,我相信你。"于是,李凡为了一张心驰神往的奖状,真的一改往日的贪玩,奋发学习,埋头苦读。

功夫不负有心人,到了期末,李凡考了班级第二名。那一天天气晴朗,校长平时一向板着的脸,在李凡接奖状的一瞬间却变得那样的可亲又可爱。回家的路上,伙伴们前呼后拥给李凡"护驾",就连因一个苹果而不和他说话好几天了的福利也一个劲地没话找话,为的是能摸一下烫金边的奖状。中午吃饭时,妈妈特意给李凡煮了两个鸡蛋,说是给他补脑子,还说:"好好吃吧,我今天也特别为你高兴。"整个假期,李凡整天都和伙伴们一起疯玩,一向管教非常严格的妈妈宽容地说:"玩吧,只有玩好了,才能学好,得更多的奖状。"在李凡的记忆中,最令他难忘的就是那个假期。

尝到了得奖的甜头以后,李凡便一发不可收,获得的奖状一张又一张。李凡感慨万千:"自己的成功完全得益于第一张奖状。"我要感谢妈妈,感谢奖状。是妈妈的信任给了自己学习的动力,找到了属于自己的上进的动力。

谁能想到家长的一句话就会让孩子燃起奋斗的激情,谁能想到家长的一句话就让孩子充满了信心? 李凡的妈妈只是说:我相信你!

方法运用二

小光都 11 岁了,还是很懒惰,为此妈妈说过他不知多少回了,可他没有一点要改的迹象。

比如,早上起了床一溜烟就跑,让他刷牙像是给他上刑一样；被子也从来不知道自己叠；穿的球鞋、臭袜子往床底下一扔；吃过饭一推碗筷就走人；晚上写完作业也不知道收拾，往往早上就慌里慌张地找文具。

而邻居张姐的儿子小明是个勤快的孩子，张姐也是个爽直的人。一天，她来小光家串门，两位母亲谈到孩子的问题时，小光正在旁边房间里摆弄东西。妈妈便借此机会表达了自己的感觉和期望，故意大声问张姐："你们家小明怎么样？天天刷牙、叠被子吗？"张姐自豪地说："当然，小明可讲究卫生了，每天洗脸刷牙后，还知道涂些护肤油呢！被子也总是叠得整整齐齐！"妈妈又问："那他穿的球鞋、球袜呢，自己知道洗吗？"张姐说："都是他自己刷洗，可认真了，洗得比我洗得还干净呢！"妈妈继续跟张姐聊："吃过饭之后，他是不是也自己收拾碗筷呀？"张姐笑着说："那当然了，他连我和他爸爸的也一块儿收拾呢。有时还非要帮我洗。小明可懂事了，早上天天自个儿起床背英语，从来没让我喊过他呢。"接着张姐问小光的妈妈，"你家小光呢，他是不是也很懂事呀？"小光的妈妈笑着也肯定地回答："当然，小光也非常听话，从来不让我操心呢。"她故意高声说道。

以后，小光真的变得勤奋又懂事了，每天主动刷牙，被子也叠得整整齐齐，晚上做完作业后收拾好文具才上床睡觉。

在这里，家长虽然并没有直接告诉孩子应该怎么做，只是从侧面表达了自己对孩子的期望以及自己想要的那种感觉，而孩子真的就按照妈妈的期望做了。让他觉悟到自身的坏习惯，从而进行改变，这的确不失为一种教育孩子的好方法！

妈妈悟语：

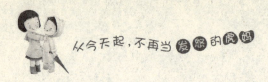

听与说练习

练习一

A.你的孩子在家庭、学校、同学之间通常扮演的是哪种角色?写出你对这种角色的定位。

_____

_____

_____

_____

B.在这些角色的定位中,有哪些你认为是正确的?在你认为不好的定位中有没有好的一方面?(例如:爱捣乱但很聪明)

_____

_____

_____

_____

C.你希望孩子如何看待自己呢?(有自信心,自立等)

_____

_____

_____

_____

做完这个练习之后，相信你对自己对孩子都有了一定的了解。你知道了你给孩子的定位，也知道了在这种定位中，你是否无意间否定了孩子的一些好的天性。

下面是本章所学的方法，当你把这些方法运用到实际生活中的时候，你会怎么说呢？

1.家长要帮助孩子找到自己的长处：

_____

_____

_____

_____

2.家长要让孩子用行动来改变自己：

_____

_____

_____

_____

3.及时对孩子的进步进行确认和表扬：

_____

_____

_____

_____

从今天起，不再当发怒的虎妈

妈妈悟语：

- - - - - - - - - - - - -

- - - - - - - - - - - - -

- - - - - - - - - - - - -

- - - - - - - - - - - - -

- - - - - - - - - - - - -

- - - - - - - - - - - - -

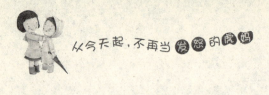

4.家长要以自身的做法来影响孩子:

_____

_____

_____

_____

_____

妈妈悟语:

5.说出孩子曾经的事迹:

_____

_____

_____

_____

_____

6.告诉孩子你的感觉和期望:

_____

_____

_____

_____

_____

7.除这些方法之外你还想到了其他的方法吗?

_____

_____

_____

_____

_____

练习二

A.今天是你的生日，以前女儿总是记不住，但是今天女儿放学后特地为你做了一个菜。你会运用哪种方法？

_____

_____

_____

_____

_____

B.你的孩子以前总是不爱说话，这次旅游回来，不停地向你叙述路上的见闻。你会运用哪种方法？

_____

_____

_____

_____

C.孩子这次玩完玩具知道主动收好了。你会运用哪种方法？

_____

_____

_____

_____

妈妈悟语：...............

....

....

....

....

....

....

....

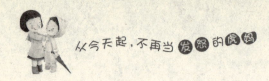
D.今天孩子去上学前主动把自己的房间收拾好。你会运用哪种方法？

_____

_____

_____

_____

_____

很多时候，父母会因为自己孩子的某个缺点，或是某个不良习惯，甚至于某个自己不了解的行为，就误以为孩子是个问题孩子。其实父母的这种认识对孩子是不公平的，因为父母如此认识之后，就会对孩子产生失望、抱怨的情绪，使孩子的内心受到严重的伤害。父母应该是孩子的一盏灯，如果孩子确实存在一些问题，而且这些问题也阻碍了孩子的发展，父母要做的是帮助孩子认识到自己的不足，然后一起来改正。只有父母尊重孩子的个性，懂得每个孩子都有所长又有所短的时候，孩子的问题才将不再是问题了。

当然仅仅通过这几个练习，并不能让你迅速地学会用正确的态度去看待孩子的优点及缺点。这需要一个长期的过程，有时候进展会很慢，但有时候也许顺利得让你吃惊：孩子的进步改变有时候就在一夜之间。现在你就把这些方法运用到你的亲子沟通中吧，帮助孩子走出过去的阴影，塑造一个全新的自己！

第六章

如何帮助孩子重拾自信

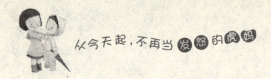
如何判断出孩子是不是缺乏自信心呢？

　　有的孩子缺乏自信心与生来的个性特点有关，然而大多数情况则是生活经历造成的，更加明确地说，是与父母的早期教育有着直接的关系。如果能在早期阶段，识别你的孩子是否缺乏自信心，并给予及时的调整，那么对孩子和家长都有很大的好处。

　　下面的一些表现，能帮助你判断出孩子是不是缺乏自信心：

　　○不愿意做可能有困难的事

　　○遇到一点困难就犹豫不决

　　○频繁地要求得到肯定

　　○预料失败

　　○经常寻求帮助

　　○用消极的方式思考问题而且态度悲观

　　○沉默、孤僻

　　○反复提问答案显而易见的问题

　　如果有其中三个或三个以上的表现存在，你应该怀疑你的孩子已经对生活失去或缺乏自信心。其后就要尽你所能使情况得到改观。我们讲述的这些道理是希望能够让所有关心孩子的父母有意识地帮助孩子，使他们懂得自己的重要性，使他们能够找到自己的位置。

可以用自己成功的经历激励孩子吗，这样会对培养孩子的自信心有帮助吗？

很多家长总忘不了自己美好的过去，有的家长想借此来激励孩子进取，因此大谈自己当年学习如何出色，获得过何种奖励，取得过什么成功……这类话题作为茶余饭后的谈资未尝不可，但是这种情况，若直接用于家庭教育，效果则未必见佳。孩子若学习成绩平平，在父母辉煌的历史面前，便会望而却步，产生"我真笨"的念头，失掉自信心。

因此，专家建议：父母还是多给子女透露点"参考消息"为好，也就是说，多给孩子讲点自己不肯轻易示人的"内幕"，尤其是失败的经历、痛苦的挫折和难忘的磨难等。这样子女才容易和父母产生共鸣，感到十分亲近："原来爸爸妈妈也和我一样遇到过难事，也考过不好的成绩。"想到这儿，孩子便想知道父母当年是如何克服困难的。这时父母只需详尽地给孩子谈谈当年对失败和困难的认识，谈谈自己是如何培养自信、克服困难的就足够了。

"望子成龙、望女成凤"是广大父母的共同心愿。不过由于对孩子的期望值过高，有些父母便要求自己能够做到的，孩子也必须做到，结果使孩子的心理面临巨大的压力，从而使自信心受到打击，如果是这样，那真是适得其反了。

妈妈悟语：

147

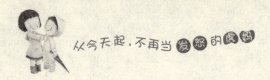
用金钱作为奖励，对培养孩子的自信心·有什么影响吗？

　　用钱物奖赏孩子，可能是父母在家庭教育中对孩子经常做的一件事。父母的本意是用金钱的诱惑激发孩子学习的兴趣，但是长此以往对孩子的自信心也是有负面影响的。

　　研究表明，金钱的诱惑，往往导致孩子失去学习的兴趣。一方面，用钱物刺激孩子的学习热情不仅不能持久，而且还会使获得金钱的欲望充塞孩子的头脑，使之形成"拜金主义"的价值观；另一方面，拿到奖金还容易滋长孩子的侥幸心理。更可怕的是，这种表达方式，使孩子感到家长对他的能力存在怀疑。例如："如果你学会这首诗，我们给你……"，其潜在含义可能被孩子认为是"我们认为你学不会"；"如果你能不打架……"，其实真正的意义可能被孩子认为是"我们认为你做不到不打架"。孩子若是产生了类似这样的心理，久而久之必定会对自己的能力产生怀疑，自信心就会减弱。

　　鼓励孩子学习，应注重精神鼓励，赋予孩子努力学习的荣誉感、自信心。

　　另外，家长只奖励孩子的 100 分也是不对的，这容易导致对孩子努力的忽视。父母应该认识到，孩子考了 100 分固然可嘉，但若考了 90 分、80 分，只要尽了力，也是不错的，父母亦应予以适当的鼓励。若孩子取得了优良的成绩，距获奖目标只有一步之遥，却得不到家长的认可，那肯定会感到十分沮丧。这样往往导致孩子把学习兴趣转移到能否获得奖励上去。相反，当孩子们意外地得到某种奖赏的时候，会格外高兴，也会更加珍视这份礼物，并且在这一过程中对自己的能力也有了信心。

怎样利用孩子的特长，培养孩子的自信心？

很多父母目光常盯在孩子的短处上，数落孩子时连长处一块抹杀。比如说孩子"光知道音乐、舞蹈……学得再好有什么用"……这会对孩子的自信心造成伤害。

其实孩子对自己的学习成绩大多有"自知之明"，学习成绩不好的孩子，一般都有着沉重的思想包袱。有的孩子急切需要弄清这样一个问题，即"我还有潜力吗？""我能赶上去吗？"父母帮助孩子发现其超出他人的长处，对孩子树立自信心有举足轻重的作用。

如果孩子音乐学得很出色，父母就应该告诉他：既然你音乐课能学得这么好，其他功课也一定能赶上去！

大家可能还有这样的体会：假如你是一名爱好下象棋的医生，我夸奖你医术高明，不一定能使你感到特别高兴，倘若我另辟蹊径，说你象棋下得好，你准会由衷而乐。这个事例说明，发现和赞赏孩子不曾想到的或尚未觉察到的优点对孩子的鼓励更大。所以在孩子成才方面家长要依据孩子的天性、爱好、兴趣给予适当的指点和教导，要不急不躁，在家中要尽量为孩子创

妈妈悟语：

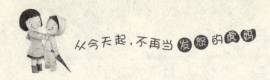

造一个乐观向上的氛围，最大限度地激发孩子的自信心，满足孩子的求知欲。

孩子怕老师是好事吗？

很多孩子都有这样一块"心病"："老师不喜欢我怎么办？"

许多家长每天在孩子上学前，还总不忘火上浇油地叮嘱一句："在学校要听老师的话，不然老师就不喜欢你了。"

这在无形中又增加了孩子的心理负担，甚至有些孩子认为老师不喜欢自己，是因为自己学习不好或是其他的原因，从而产生深深的自卑。

更让人担心的是，很多家长还有这样一种错误的认识：孩子怕老师是件好事，只有这样老师才能更好地管教孩子。

然而，事实并非如此：一般来说，孩子惧怕老师是因为不能忍受巨大的心理落差。这些家庭中的"小太阳"，总是以自我为中心，认为老师偶尔的冷淡就是对自己的不关心，进而得出自己在集体中不被重视的结论，从而对老师产生了抵触情绪。

正确的做法是，家长要经常关心孩子在学校里的表现，帮助孩子树立正确的求学态度，和老师保持密切联系。

在此基础上，家长还要做到以下几点：

（1）认真倾听。当家长发现孩子对老师有抵触情绪时，首先要给孩子创造一个宽松、能自由发表意见的环境和氛围，使孩子能够毫不隐瞒地讲清老师批评自己的原因，以及自己对待批评的态度和接受批评时的心情。家长要认真倾听，并采取适当的方法进行疏导。如果属于孩子认识偏激或行为错误，家长要积极帮助孩子改正；如果属于老师处理问题时存在片面性或有失误，家长要积极主动地与老师交换意见。

（2）换位思考。即让孩子学会站在他人的角度考虑和处理问题。家长要创设情境，让孩子亲身体会老师的难处，并在这个过程中讲解师生关系的真正内涵，减轻孩子对老师的抵触情绪。

（3）积极沟通。家长要了解孩子在学校的表现，老师也要了解孩子在家中的言行，这对家长和老师共同教育孩子、避免孩子对老师产生抵触情绪是极其重要的。

总之，家长要通过自己的努力，帮助孩子建立良好的师生关系，同时保持孩子的自信心，这样对孩子的成长，对健康的人际关系的建立都有好处。

妈妈悟语：

对孩子突然取得的好成绩表示怀疑，该怎么问才不至于伤害孩子的自尊心？

如果孩子意外取得了好成绩，很多父母通常的第一句话是："你作弊没有?"这是父母无心的一句话，然而对于孩子来说却是"听者有心"。

孩子把自己取得好成绩的消息告诉父母，是想让父母分享自己的快乐，而父母说出这样的话无异于给孩子当头一棒，使

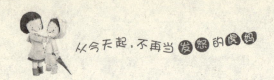
孩子产生父母不信任自己的想法，进而也有可能丧失学习的兴趣和自尊自信。

因此父母在听到孩子成绩的时候无论是好还是坏，都应该理智对待，只要孩子的成绩比上一次进步都应该得到父母的表扬。当然父母也应该和孩子一起分析取得这样成绩的原因，让孩子懂得只要肯学就会有好成绩，只有肯学才会有好成绩。假如孩子的成绩一直不太理想，那么这一过程更加重要。

总之，父母要利用孩子的学习成绩来正确引导他，保持并增强孩子的自尊自信。

父母烦恼

在现实生活中有相当数量的孩子缺乏自信心，缺乏上进的勇气。

"我不会"、"我从来没做过"、"我不行"、"我不敢"、"做错了，别人笑我怎么办?"……这是缺乏自信心的孩子常说的话。

家长也常常这样抱怨:"只要遇到一点点困难，他总是说不会"、"孩子在学校特'蔫'，上课回答问题，老师不叫，从来不敢举手"、"孩子总是畏畏缩缩的，什么事情都不敢去尝试"。

……

总有一天孩子要离开父母的庇护，独自搏击风雨，独自面对困难。可是孩子眼下的表现非常令家长担忧:处处不敢担当责任，以后如何融入社会?这就是家长的困惑。

妈妈悟语：

让我们来看下面的三个案例：

案例一

小琴的父母都是农民，在乡镇企业上班，文化程度都不高，平时没有时间，也没有能力辅导孩子学习。小琴邻居家的姐姐小红在上高中，成绩优秀。父母教育小琴的唯一方法就是处处拿她与姐姐比，要她向姐姐学习。这让她感到自己处处不如姐姐。小琴都上小学了还有尿床的毛病。小琴每一次尿床，母亲总要骂她，久而久之，小琴更加胆小、自卑、多疑、不爱动。学习成绩也偏差，考试成绩总在及格线上下浮动。

她在交往方面不合群、孤独，害怕参加活动，回避与老师、同学相处、说话。五年级时一个学期下来，和全班多数的同学没有讲过话。上课除非是老师点名，一般不主动举手发言；即使被老师叫到了也因紧张而说不完整，而且声音很轻。

案例二

5岁的小潘跪在厨房桌子上，看着妈妈把买来的食品拿走。当妈妈把放鸡蛋的盒子从冰箱里拿出来放在桌上，然后把鸡蛋从买来的食品袋中拿出来，小潘便伸出手去抓盒子，也想帮着把鸡蛋放到鸡蛋盒里。"别动！小潘，"妈妈大声叫道，"你会打碎的，最好让我来做。亲爱的，等到你长大一点儿再来帮忙好吗？"

这样的事，经常发生在小潘身上。妈妈从不让孩子做事，甚至连她力所能及的事情也不让做，渐渐地小潘变成了一个没有自信的孩子，凡事都需要妈妈安排好。要是妈妈没安排好或是妈妈没允许她这么做，她就会缩在角落里静静地等待。

案例三

小丹是小学一年级的学生。从上幼儿园开始，妈妈就要求

妈妈悟语：

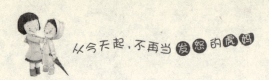

妈妈悟语：

她每周去学 3 次游泳，另外还去学一次电子琴和绘画，小丹虽然很不愿意，但如果不去就会遭到母亲责骂。最近一到游泳时间，小丹就开始呕吐。

由于年龄小，能力和精力达不到母亲所期待的要求，小丹的心情很沮丧，便自认为自己一无是处，自信心受到很大的打击。

父母是孩子人生当中的第一个启蒙老师，他们对孩子的影响，决定了孩子一生的命运。

根据以上案例，我们可以看出有三种类型的家庭教育，容易导致孩子自信心缺乏。

（1）比较型。父母对子女虽有疼爱，但常拿别的孩子与自己的孩子做比较。久而久之容易使孩子产生自卑感。

（2）溺爱型。为了使孩子变得更好，事无巨细地去照顾孩子，本来孩子自己可以做好的事情父母也要代办。

（3）期待型。父母不顾子女的天赋，把自己的夙愿寄托在子女身上，希望子女完全按照自己的要求和标准去做，所谓"望子成龙"、"望女成凤"。倘若父母持有这种态度，而子女的能力不能达到父母的要求，就容易使子女意志消沉，自卑、冷淡、没有活力、缺乏自制力。

现在我们知道，案例一属于比较型，案例二属于溺爱型，案例三属于期待型，而孩子在父母的这种教育方式下又变成什么样了呢？

在大多数家长的眼中，孩子做错事是应该受惩罚的，孩子的自制力差，家长就应该督促孩子学习，帮助孩子解决问题，这并没有错误。小琴的父母拿她与邻居家优秀的姐姐比较，是希望她能够有上进心；小潘的妈妈是不想让幼小的孩子受伤害；小丹的妈妈则不顾实际，对小丹的要求过高。可是结果怎么样？小琴越来越自卑；小潘也许会成为永远也长不大，什么都不会做，对自己能力产生怀疑的孩子；小丹则会变成一个没有自信，对什么都没有兴趣的孩子。

在亲子关系中，不少父母认为孩子是自己的附属品，父母说的话就是绝对的权威，孩子就应该按照父母的话去做。但事实上孩子有自己的天性与天赋，当孩子不能达到父母的要求，两者形成矛盾的时候，家长就乱批评、乱比较，这样势必对孩子造成负面影响，有的也许是很难弥补的。如上面例子中的孩子，在父母强势的权威下表现出自卑、胆小怕事、不敢在人前说话等缺乏自信的后果，长期下去甚至会出现严重的心理问题。

孩子出现这种情况，是所有爱孩子的父母所不愿意看到的。然而，只有找到了病根，才能药到病除。病根从哪里找呢？还得请家长反思自己。

从今天起，不再当发怒的虎妈

妈妈悟语：

155

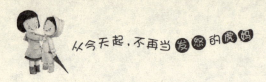

妈妈悟语：

换位思考

假如你就是案例一中的那个孩子，你会怎么想？

_____

_____

_____

_____

假如你就是案例二中的那个孩子，你会怎么想？

_____

_____

_____

_____

_____

假如你就是案例三中的那个孩子，你会怎么想？

_____

_____

_____

_____

_____

那么究竟是孩子的什么行为触怒了家长呢？

_____

_____

_____

_____

_____

例如案例一中的孩子：

_____

_____

_____

_____

_____

例如案例二中的孩子：

_____

_____

_____

_____

_____

例如案例三中的孩子：

_____

_____

_____

_____

_____

妈妈悟语：

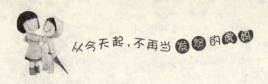
生活中我们经常听到父母这样评价孩子：

"你这次一定要好好考试，如果进不了前 10 名，将来找不到好工作，等我们都老了，你可怎么办呀？"

如果你听到父母这样说，你会怎么想？

妈妈悟语：

_____

_____

_____

_____

_____

"你看人家小明各科成绩都是优，你再看看你，有哪一科比人家强了？"

如果你听到父母这样说，你会怎么想？

_____

_____

_____

_____

"告诉你多少遍了，不要乱动，这可是我的宝贝。你除了会捣乱，还会干什么？"

如果你听到父母这样说，你会怎么想？

_____

_____

_____

_____

_____

"没有一件事情你能做得好的,就知道让我们操心!"

如果你听到父母这样说,你会怎么想?

_____

_____

_____

_____

现在你也许已经理解了孩子的感受:父母越是要求你做好某件事,你越是做不好;父母越是拿你和别人比较,你越觉得自己没有别人优秀;父母越是保护你,你越觉得自己没有能力。于是你的自信心就一点一点地消失了。

那么,家长如何给予孩子适时的鼓励与支持,使孩子重拾自信心呢?

下面是专家提供的几项技巧,希望对家长以及孩子有所帮助。

妈妈悟语:

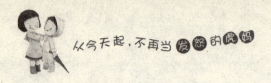
妈妈悟语：

帮助孩子重拾自信的 6 个技巧

1.看到孩子的进步

思思是小学二年级的学生，以前考试总是刚及格，这次破天荒地考了个 80 分，她高兴地把成绩单拿给妈妈看。

孩子：妈妈，我这次考了 80 分。

妈妈：思思真棒，这次进步了这么多，比以前高了 20 分，真是知道努力的好孩子！

如果你是位不合格的妈妈，你也许会这么说：

孩子：妈妈，我这次考了 80 分。

妈妈：有什么好高兴的，你看人家方红每次都得 100 分，你要是能给我得 90 分，我也就知足了。

方法运用一

期末考试的成绩下来了，儿子只考了第 20 名，而他的同桌考了第一名。回到家，他问妈妈："我是不是比别人笨？我觉得我和同桌一样认真听老师讲课，一样认真地做作业，可是，为什么我考第 20 名，而她考第 1 名？"妈妈抚摸着儿子的头，温柔地说："你已经比以前进步了，以后会越来越好的。"

第二学期的期末考试，儿子考了第 15 名，而他的同桌还是第 1 名。儿子还是想不通，又向妈妈问了同样的问题。妈妈还是说："你比上学期又进步了，以后会越来越好的！"

儿子小学毕业了,虽然他还是没有赶上他的同桌,但他的成绩一直在提高,已经进入前10名了。

初中的时候,儿子的成绩已经名列前茅了。到了高中,他成了全校著名的尖子生,最后以全校第1名的成绩考入了大学。

因此,随时都要看到孩子的进步,尤其是在孩子表现不好或者成效不明显的时候,不要打击孩子的自信心,而要善于发现孩子哪怕是一点点的进步,对孩子的失误给予宽容,对孩子的进步给予赏识,这将有助于孩子建立或者重新建立做好事情的勇气和信心。

方法运用二

小学一年级的第一次期末考试,儿子的语文成绩是87分,数学成绩是89分,总分排在全班第10名,应该还是一个不错的成绩。回家以后,他马上把这个消息告诉了妈妈。

"是吗?全班一共30多个同学,你第一次就考了第10名,这个成绩挺不错的!"妈妈对他说。

听了妈妈的话,儿子的心里一阵高兴。虽然他没有考第1名,但是前10名的成绩也凝聚了他的努力。接着,妈妈说:"不过,成绩是考核你过去的努力的,如果你接下来不努力了,下次的考试成绩可就不知道是多少了!"

儿子意识到自己应该加把劲。在第二次考试中,儿子的成绩基本上没变化。语文88,数学90,总分排在了全班第9名。

妈妈看了儿子的成绩单,高兴地对儿子说:"不错,成绩比上次有进步。不要小看这1分呀,这可是你努力学习的

妈妈悟语:
_____
_____
_____
_____
_____
_____
_____
_____
_____
_____

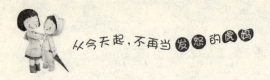

结果。"

结果，在接下来的考试中，儿子的成绩总是缓慢地提高。小学毕业的时候，儿子已经是班里的尖子生了。

看到孩子的进步，不仅表现在对孩子成绩的肯定和夸奖上，更表现在对孩子热情地鼓励和适当地提醒上。对孩子赞扬可以让他感到温暖和欣慰，让他感觉到自己的努力没有白费，至少获得了父母的认可；孩子就在父母的一点点的确认中增强了自信。

2.换个角度看孩子的问题

孩子总是很顽皮，他捡起了一块石头，高兴地回家拿给爸爸看。

孩子：爸爸，你看我捡的石头多漂亮，它上面的图案像不像一只小狗？

爸爸：这石头是挺漂亮的，确实挺像的，你是怎么发现的？

如果你是位不合格的爸爸，你也许会这么说：

孩子：爸爸，你看我捡的石头多漂亮，上面的图案像不像一只小狗？

爸爸：什么小狗，看你弄得满手都是泥，赶快把它扔了！

你会发现正确地看待孩子，就可以鼓励孩子探索的积极性，引导孩子把注意力放在追求成功上。

方法运用

女儿上高中以后，成绩不再像初中那样名列前茅了。她自己估算了一下，照现在的水平，考大专都没有把握，女儿有些灰心。

妈妈就对她说："孩子，你是根据什么算的考大专没有把握呀?"她说:"妈妈,你看我在班里排第 16 名,全年级 10 个班我大约排 160 名,全区、全市排下来,恐怕 1000 名以后了。"

妈妈笑着说:"你应该这样算,你看,初中毕业考试时全市 15 万人参加,能上高中的只有 3 万人,能上市重点高中的只有 800 人,还包括 100 名体育生、借读生。你能从 15 万人中脱颖而出进入市重点高中,并且一直保持在上游水平,这不恰好证明了你的实力吗?如果你都对自己没有信心的话,那 149000 多人怎么办?你的成绩虽然不是前三名,但你别忘了你在重点高中啊。"

女儿的眼睛亮了,脸上也绽放出灿烂的笑容,她扑上来亲了妈妈一下说:"你真是我的好妈妈!"

换个角度看待孩子的问题,不仅能使孩子由悲观转为乐观,也能使孩子在这种情绪的转换中更加清醒、理智地面对自己目前的困难,增强孩子的自信。

3.倾听孩子的愿望

孩子喜欢唱歌,每天早上醒来就唱。

孩子:妈妈,你觉得我唱的歌好听吗,我唱得有进步没有?

妈妈:当然好听了,比以前进步多了。还有,你知道吗?你的声音很甜,妈妈真为你高兴!

孩子:妈妈,那我想当歌唱家!

妈妈:只要你能想到,就完全能做到!

如果你是位不合格的妈妈,你也许会这么说:

孩子:妈妈,你觉得我唱的歌好听吗,我唱得有进步没有?

妈妈:就你那嗓子,我看成问题。现在别唱了,好好学习吧,考试要紧!

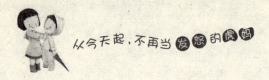

妈妈悟语:

方法运用

女儿今年 7 岁了,已经有两年的学习钢琴经历。有一天,她一进家门就哭,还可怜巴巴地哀求说:"妈妈,我真的不想学钢琴了。"

妈妈通常把特长与升学联系在一起,认为学成以后孩子就有机会成为特长生,这对上重点中学有加分的好处。

可是,她看到孩子的表情,心一下软了。晚上,她思考了好久,对女儿说:"妈妈认为学琴对你有很多的好处,可是你现在不想学,妈妈也不想强迫你。这样吧,妈妈给你一个月的时间考虑,在这一个月的时间里,你不用练习。看看你究竟是因为累了不想学,还是真的不想学!"

孩子的眼神一下子亮了起来。

一个月后,妈妈和孩子进行了深度的交谈,认真倾听了孩子的愿望。孩子说:"功课学习是主业,钢琴学习是培养特长,还应当以前者为主,后者为辅。"妈妈尊重了孩子的愿望,钢琴可以继续学,只是学习的时间由孩子自由掌握。现在孩子的功课学习取得了很大的进步,钢琴的水平也有很大提高,脸上整天洋溢着灿烂和自信的笑容。

4.放大孩子的优点

孩子喜欢画画,虽然画得不是很好,但是很有创意。

孩子:爸爸,今天老师夸我的画画得有创意,你看。

爸爸:很不错,在你小的时候,我就发现你在绘画这方面的天赋不错,你的色彩感很好,构图也挺新颖的!

如果你是位不合格的爸爸,你也许会这么说:

孩子:爸爸,今天老师夸我的画画得有创意,你看。

爸爸:你这是画的什么呀,乱糟糟的,我怎么看不出来!

方法运用

一位妈妈有一对双胞胎女儿,可以说两个女儿都挺出类拔萃的。大女儿长得如花似玉,学习成绩年年都在全班前三名,而且还画得一手的好画,简直就是完美无缺了。二女儿其实也挺优秀的,人长得可爱,学习还不错,可是她只要和姐姐一相比,便只能用"平凡"来形容了。

这天,姐姐又一次荣获了全市"三好学生"的称号,一家人自然喜上眉梢。妈妈笑眯眯地对姐姐夸奖道:"我的这个女儿呀,可是为我们全家都争了大光!呵呵。"二女儿也真诚地向姐姐致以祝贺。可是,妈妈注意到了她沮丧的表情,于是拉着二女儿的手,温柔地说道:"你也是我们家的骄傲呀!我很欣赏你在写作方面的才能,上次你写的那篇小说真的很不错,文字非常流畅。孩子,你要相信自己呀!"

二女儿被妈妈的话感动得热泪盈眶……

孩子可能由于某种原因,往往关注的只是自己的缺点,而父母选择恰当的时机,放大孩子的优点,也就让孩子意识到自己的长处,从而在不知不觉中增强了信心。

5.点出孩子的出众之处

经常夸奖孩子的出众之处,使孩子相信自己是个有才能的人物,将来必定有出息。这样能使孩子经常保持良好的自我感觉,而且对自己有较严格的要求,这对培养孩子的自信确实有很重要的作用。

孩子:妈妈,今天我们班小明是第一个背诵过课文的人,他很厉害吧!可是我背诵得不太好!

妈妈悟语:

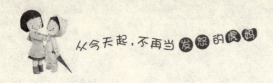

妈妈悟语：

妈妈：怎么这么说呢?你要是好好背的话，一定能背得很好的，你不要忘了，你可是咱们这个小区同龄孩子里第一个学会说话的孩子，你的语言天赋可是最好的!

如果你是位不合格的妈妈，你也许会这么说：

孩子：妈妈，今天我们班小明是第一个背诵过课文的人，他很厉害吧!可是我背诵得不太好!

妈妈：你怎么回事，是不是上课没认真听，也没好好背呀?

方法运用

王迪今年16岁，在妈妈的鼓励下，他决定在假期里打工挣零花钱。他到一家超级市场当收银员，但是，第一天下班回家后，他却垂头丧气，懊恼不堪。因为上班时，他给一位顾客多找了零钱；还有，他竟打碎了一打鸡蛋。

"我干不了这份工作!"王迪大叫着，"也许我根本就不该出去做事，被主管责怪，真是丢脸!"他声音提高了八度。妈妈听出其中充满了挫败感，就开始鼓励他，并提醒他自身具有的一些强项："比如，你能熟练运用电脑，再比如，你做事非常系统化，这些能力和素质会使你成为一个出色的收银员。妈妈对此坚信不移。"

"从事一项新的工作，每个人都难免会犯错误，"妈妈说，"我们会犯错，其他人也会如此。"

"您也犯过错误?"儿子吃惊地反问，"您又是怎样对待的呢?"

"我还是每天上班，但会想尽办法减少犯错的概率。你想想，如果你退缩了，日后就连改正错误的机会都没有了。"妈妈回答说。

果然，第二天情况有所好转。儿子在装鸡蛋时，磕碎的现象没有发生。而且第三天，工作进行得非常顺利。

王迪的这些小小的成绩使他开始对工作感到乐观。同时，妈妈还发现，这种乐观的态度和情绪，也影响了他生活的其他方面，比如弹吉他、做假期功课等。

现在，王迪无论做什么事情，都能够做得越来越好了，这就是自信带来的积极向上的力量。

6.保护孩子的自尊心

家长们不妨学学下面故事里的父亲：

某天下午，有个不满 10 岁的孩子放学后独自去树林里玩耍。因为贪玩，他没有察觉天已经黑了。树林确实太大了，孩子无法走出去。他害怕遭受野兽袭击，只得爬到一棵大树上躲起来，等待天明。见孩子天黑都没回家，父亲便到孩子平时喜欢玩耍的那片树林去寻找。父亲借助天空微弱的星光，隐约看见儿子躲在一棵大树杈上。父亲假装没看见，在离儿子身边不远的地方停下，漫不经心地吹起了口哨。孩子对父亲的口哨声最熟悉，他立刻从大树上跳下来。

孩子：爸爸，你怎么知道我在这片树林里呢？

爸爸：我是独自散步，没想正碰上你在树上玩儿！

很显然这位父亲知道如何去保护孩子的自尊心。

试想一下，如果这位父亲像下面这样说话，孩子又会怎么想呢？

孩子：爸爸，你怎么知道我在这片树林里呢？

爸爸：我是看你老不回来，就来这里找找你。你是怎么回事，为什么这么晚不回家？贪玩，还是迷路了？你给我记住，不管

妈妈悟语：

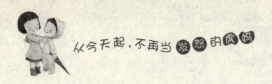

什么原因,你这是最后一次!

孩子会有什么反应?恐慌?自责?还可能两者都有。

可以说孩子的成长很大程度上不仅取决于周围环境的影响,更取决于父母对待孩子的态度。父母是孩子的第一任老师,他们对孩子的影响,决定了孩子的一生。常言道:树怕伤根、人怕伤心。父母一定要长记在心:孩子的自尊心和自信心是促进其成长的精神支柱,是孩子向上的基石,是其自我发展的内在动力。

方法运用

妈妈第一次参加家长会,幼儿园的老师告诉她:"你的儿子有多动症,在板凳上连三分钟都坐不了,你最好带他去医院看一看。"回家的路上,儿子问妈妈,老师都和她说了些什么。妈妈当时鼻子一酸,差点流下泪来。因为全班 30 位小朋友,唯有儿子表现最差;唯有对儿子,老师表现出不屑。然而,妈妈还是这样对儿子说:"老师表扬你了,说宝宝原来在板凳上坐不了一分钟,现在能坐三分钟了。其他的妈妈都非常羡慕妈妈,因为全班只有宝宝进步了。"那天晚上,儿子破天荒地吃了两碗米饭,并且没让妈妈喂。

儿子上小学了。家长会上,老师对妈妈说:"全班 54 名同学,这次数学考试,你儿子排第 53 名。我们怀疑他智力上有些障碍,您最好能带他去医院查一查。"

回去的路上,妈妈流下了泪。然而,当她回到家里,却对坐在饭桌前的儿子说:"老师对你充满信心。他说了,你并不是个笨孩子,只要能细心些,会超过你的同桌,这次你的同桌排在第 21 名。"说这话时,她发现儿子暗淡的眼神一下子充满了光芒，沮丧的脸也一下子舒展开来。她甚至发现，儿子温顺得让人吃惊，好像长大了许多。第二天上学时，他去得比平日都要早。

儿子高中毕业了。大学第一批录取通知书下达的那天，学校打电话叫儿子去一趟。妈妈有一种预感：儿子被某著名大学录取了，因为在报考时，妈妈给儿子说过，相信他能考取这所学校。儿子从学校回来，把一封印有该大学招生办公室的特快专递信函交到妈妈的手里，突然转身跑到自己房间里大哭起来。边哭边说："妈妈，我一直都知道我不是个聪明的孩子，是您……"

这时妈妈悲喜交加，再也按捺不住十几年来凝聚在心中的泪水，任它打湿手中的信封。

这位孩子天资并不聪明，在幼儿园、小学都是属于那种被老师看不起的对象，他在中学也并不出色。之所以能考上著名大学，主要是他的妈妈咬着牙，一次又一次编造着老师对他赞扬的谎言，让他对自己充满了信心。

妈妈悟语：

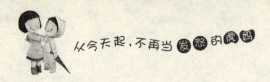

听与说练习

现在你已经知道了日常生活中你的哪些方式有可能损害孩子的自信自尊，并且学会了专家教你的几个保护孩子自信心的方法。请你根据如下几个场景，练习上面学过的方法。

练习一

A.假如你的孩子在外面打架了。你会怎么说？

_____

_____

_____

_____

这样做的时候你认为你保护了孩子的什么感受？

_____

_____

_____

_____

B.假如你的孩子说:"我想要这个,那个也想要,你现在能给我买吗?我真的很想要!"你会怎么说?

_____

_____

_____

_____

这样做的时候你认为你保护了孩子的什么感受?

_____

_____

_____

_____

C.你的孩子一次去游玩,竟然迷了路,找不到回来的路了。你会怎么说?

_____

_____

_____

_____

妈妈悟语:

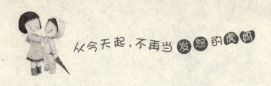

这样做的时候你认为你保护了孩子的什么感受?

_____

_____

_____

_____

_____

D.你不喜欢孩子跳舞,可是孩子参加了一项舞蹈比赛,并且取得了名次。你会怎么说?

_____

_____

_____

_____

这样做的时候你认为你保护了孩子的什么感受?

_____

_____

_____

_____

E.假如你的孩子参加一项比赛,却没能入围。

你会怎么说?

_____

_____

_____

_____

这样做的时候你认为你保护了孩子的什么感受？

_____

_____

_____

_____

_____

练习二

在生活中你觉得你哪些地方有可能用到以下的方法？

1.看到孩子的进步：

_____

_____

_____

_____

_____

2.换个角度看孩子的问题：

_____

_____

_____

_____

_____

3.倾听孩子的愿望：

_____

_____

_____

_____

_____

妈妈悟语：

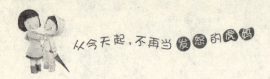
妈妈悟语：

4.放大孩子的优点：

_____

_____

_____

_____

_____

5.点出孩子的出众之处：

_____

_____

_____

_____

6.保护孩子的自尊心：

_____

_____

_____

_____

有一句教育名言：要让每个孩子都抬起头来走路。"抬起头来"意味着对自己、对未来所要做的事情充满信心和希望。任何一个孩子，当他昂首挺胸、大步前进的时候，在他的心里有诸多的潜台词——"我行"、"我能够胜任"、"我干得最漂亮"、"这不算什么"……而作为家长的你，学会帮助孩子如何树立自信心，这实在是一门教育和沟通的艺术。

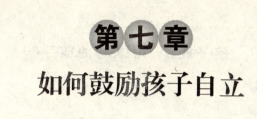

第七章

如何鼓励孩子自立

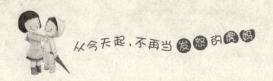

孩子还小, 可以对他放手吗?

我们理解了培养孩子自立的重要性, 同时内心也充满了矛盾:

孩子还小, 我们真的能放手吗?让他们自己摸索成长吗?同时在情感上我们也不能面对孩子在失败时的痛苦难受,而且有时候我们又乐于替孩子作出抉择,因为我们实在没耐心等他们自己做选择。孩子的成长也带来了我们内心的矛盾,一方面我们需要孩子自立,另一方面我们不能承受孩子不再需要我们时的失落感。这就是每位家长都在经历的一场成长之痛。

如何有效地保护孩子的积极性?

尊重孩子的努力,就要善于发现孩子身上的闪光点。

最胆小懦弱的孩子也会有胆大出彩之处,也会有把事情做得很好的时候,也许在你看来这些微不足道,是他应该做到的,但是作为父母,你必须善于捕捉这些稍纵即逝的闪光点,给予必要乃至夸张的表扬和鼓励。

孩子总爱和小朋友吵架，可以少让他和别的孩子接触吗？

　　一位母亲得知女儿跟小伙伴吵架了，便警告孩子说："今后绝对不许吵架，再吵架就不要和别的孩子玩了！"女儿很不满。

　　母亲的这种做法是不对的。别说一个孩子，就是成人做到不斗嘴、不吵架，也不是件容易的事。因此，父母禁止孩子吵架并非明智之举。

　　实际上，孩子吵架是一件再自然不过的事情，父母不必对此大惊小怪。孩子在嬉戏玩耍的过程中，有些矛盾不好解决，由于双方都缺乏自制力，吵架便成为他们解决矛盾的唯一方法。"不打不成交"，吵架之后，孩子很快又会言归于好。有人把孩子吵架视为"小人国外交"，就是这个道理。孩子还可以从吵架中获得维护自身利益的意识和辩驳的技巧。

　　在这个问题上，国外的一些父母表现得颇为开明。美国父母一般是只充当观众，不动声色地看孩子吵架；法国父母只有在孩子扭打起来时才会上前把孩子拉开。他们都认为，不让孩子吵架是一种徒劳，只会减少孩子增长人际交往的经验和机会。

妈妈悟语：

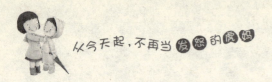

害怕孩子承受不住失败的痛苦，就避免让他尝试做一些事情，这样做对吗？

给孩子失败的机会。在成长的过程中，孩子终归要有面对失败的时候。如果孩子还小，大多数家长就会一笑了之，抢着帮他把问题处理掉，或者干脆让孩子放弃，认为他的能力还不足以完成这个任务，等他再大一些，就完全能够胜任了。

英国的麦克夫妇却不这样认为，他们常常会让孩子去做些力所不及的事情。麦克说："失败是成功之母，只有经历过失败，才能享受到成功的喜悦，也只有一步步成功，孩子才能真正地长大。"

麦克的儿子查理就是这样长大到 10 岁的，如今这个小男孩不但会自己照顾自己的起居生活，修理家里的水管、电器，就连修汽车也能说个头头是道。

查理 4 岁时，对烧开水的水壶很感兴趣。麦克原本也同意像妻子所说的那样，不让小查理接近水壶。可是，他能保证查理在自己视线之内，不动那装满了开水的水壶，但谁又能保证，查理在大人们的视线之外，不去动那个水壶或别的危险物品呢？因此，麦克决定，教查理正确的拿水壶的方法，让他知道会发生什么危险，并具备躲开这种危险的能力。

煤气灶上的水壶热气腾腾，父亲告诉查理，水开时水汽会把水壶把蒸热，所以要垫上毛巾才能拿，水很热，要注意，不能让水壶倾倒下来。然后父亲示范着用一块毛巾垫在手下,把壶拿了下来,再让儿子来学着拿开水壶。这的确是件非常危险的事,不但可能会烫到手,还可能会把整壶水倒到身上,造成大面积烫伤,甚至会引发生命危险。所以当查理开始尝试时,麦克便把水壶里的水换成了温水。

第一次尝试时,半壶水都倒在了查理身上,由于是温水,所以只不过烫红了查理的皮肤。麦克耐心地告诉儿子:"这是因为你的力气不够。你需要用两只手。"说完,麦克又为他换了壶温水。"不,爸爸,我再也不拿水壶了,"查理胆怯地后退着说,"我知道这很危险,我再也不碰了。""你一定要再试一试,你有这个能力,"麦克鼓励他,"用我教你的方法,你一定行的。"在麦克的指点下,查理又试了一次。这次,他安全地把水壶取了下来。

麦克的想法非常简单:"要给孩子失败的机会,面对失败,一次次改正错误,直到成功,这不只是教孩子学习并掌握能力,同时也是教他一种人生态度。"麦克成功了,因为,他的想法是正确的。

妈妈悟语:

总是担心孩子走弯路,所以为他设计好路线,这样做对孩子有益吗?

从甲地去乙地,有时有一条路,有时有若干条路。父母嘱咐孩子"沿原路回来",多半是出于担心孩子走弯路或迷路。但有些父母可能不知道,总是让孩子习惯于走一条路,会减少孩子

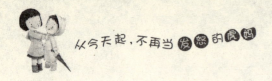
思考的机会。

父母应该注意培养孩子独辟蹊径、选择走新路的能力。这种习惯的养成对开发孩子的创造性思维大有益处。据说爱因斯坦上小学时，总是好奇地选择通往学校的新路，有些路绕得很远，他也不介意。最后，在家与学校之间，爱因斯坦找到了12条小路。他不仅算出了各条道路的长短距离，而且还分析了不同的人流量、交通条件等诸多因素。你看，爱因斯坦不停地选择新路，收获多大呀！

给孩子买来新玩具，是该直接告诉他玩法，还是让他自己去摸索着玩呢？

有些父母买了玩具送给孩子后，就急急忙忙地按照说明书上的文字，告知孩子玩的方法。还有这样一位父亲，在买来七巧板之后，不是把它交给孩子，而是喧宾夺主地按照说明自己动手拼起了一个又一个图案，直到孩子"看会"了才撒手。

这位父亲无疑是想尽快地教给孩子玩七巧板的方法，殊不知这样做剥夺了孩子锻炼独立思考能力的机会。

如果我们仔细观察一下孩子怎样和玩具打交道的话便会发现，孩子独立开动脑筋发现和发明的玩具玩法与说明书上的玩法往往有着很大的区别和差异。七巧板可能被孩子拿去"盖房子"，玩具战车的轮胎可能被卸下来做洋娃娃的"救生圈"。孩子在尝试多种多样玩法的时候，创造性思维处于极为活跃的状态。倘若孩子从说明书上或从父母那里弄清了某种玩具的玩法，他探索新玩法的兴趣便会大大降低甚至完全消失。这样，玩具所具有的益智作用便逊色了许多。当然，孩子玩玩具的兴趣，多是在知道玩法后愈玩愈浓，即便这样，也不要直接教给孩子具体的玩法。买来玩具后，父母最好把说明书悄悄地抽出来，让孩子在玩的过程中一边实践、一边思考，必要的时候启发几句也就够了。这样，孩子会不断地对玩具的玩法有新的发现和心得，兴致自然会越来越高。

对孩子的事大包大揽，这样对孩子自立能力的培养影响大吗？

常常是父母一看到孩子捧起书本要学习，便马上对孩子说："你安心学习吧，别的事不用你管。"还有的父母对孩子学习时提出的要求有求必应：铅笔给削好，水给倒好，蛋糕给放到嘴边……父母也许认为这样做是为了给孩子创造一个良好的学习环境，一切努力都是为了支持孩子的学习，但却没有意识到，孩子在这种环境里学习，势必缺乏紧迫感，导致心理上的饱和状态。

父母不妨放手让孩子做力所能及的事情。许多孩子因为不会洗衣服，不会叠被子，不会整理自己的书包、文具，而存在一定的焦虑情绪，怕老师责备，怕同学笑话，因此建议家长多放手

妈妈悟语：

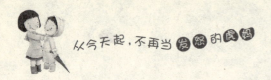

让孩子的事情自己做，不要包办，图省事。增强孩子自理能力，树立孩子自信心就要从这些小事做起。

而且用这种方法教育孩子，也避免了孩子为逃避义务找借口(比如父母让孩子帮忙做一下家务时，孩子就会借口正在学习来"挡驾")。

因此父母不要为了让孩子学习，就满足孩子的所有要求，对孩子能做的或孩子应该做的事尽量让孩子自己去做。

树立理想是孩子自信的开始，如何尊重孩子的理想呢？

成年人的理想不会轻易改变，但孩子就不一样了，他们的理想可能说变就变，甚至"一日三变"。这是因为他们对理想的认识还十分模糊，有些"理想"仅仅是想象而已。有些父母看到孩子一会儿想干这个，一会儿又想干那个，就认为孩子是"这山望着那山高"，对其进行斥责。实际上大可不必。孩子正处于一个增长知识、积累经验的阶段，他们对社会和人生的认识总要有一个逐渐的过程。随着年龄的不断增长、环境的不断变化，他们的理想也在不断地调整、完善，出现"一日三变"的情况是正常的。因此，父母在听孩子谈到新的理想的时候，最好带着满意的微笑认真倾听，并给予热情的鼓励，而不是毫无来由地去训斥他们，即便孩子的理想很不切实际，也不应该责备孩子。

有一类父母,喜欢把自己的理想强加给孩子。比如自己喜欢音乐,就打定主意让孩子将来当音乐家;自己在跑道上的冠军梦没有圆,就希望孩子将来能成为田径明星……孩子的理想一旦与父母的意志不符,父母就对孩子实行"高压"政策,进行"强化教育"。殊不知,理想之花只能开放在自由的土壤上,对孩子的理想进行压制与束缚,会扼杀他们的个性和能力。

因此,父母不要干涉孩子的理想,更不能强制孩子的理想与自己的理想相一致。孩子理想的变化是由儿童时期的特殊心理决定的,是一种正常现象。做父母的既不必斥责,也无须担心,孩子走向成熟以后,便会孕育出属于自己的真正理想。

父母烦恼

在生活中我们经常听到父母这样说:

"孩子依赖性特别强,以前也没怎么注意,可现在他都上小学了,出门就是学校,还让我们接送,要不然他就不去上学;在家里给他吃最好的,穿最好的,一点儿活也不愿意干;也不知道心疼父母,整天没精打采的样子;孩子都9岁了,衣服还不会自己穿,我有时候忙,让他自己穿衣服,你再看他那样,就是不听你的。"

……

现在我们还年轻,有些事情还能帮着孩子,可是我们不能帮孩子一辈子呀!这就是我们困惑不解的问题。

妈妈悟语:

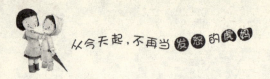
下面是两个典型的案例：

案例一

余先生向记者表示了他对儿子将来的担忧：尽管儿子目前还比较听话，吃饭不挑食，穿衣服不挑不拣，但他连脸都不会洗，起码的生活无法自理，总想依赖父母，以后怎么自立？余先生有意培养儿子的综合素质，先后教儿子做木工板凳、拉手风琴、游泳、健身，但最后儿子只把游泳坚持了下来，其他的都半途而废。去年夏天，余先生让儿子去体验生活，给他报了一个夏令营，儿子推说有同学聚会，拖了大半月最后也没去。余先生还曾希望儿子尝试当班干部，锻炼组织管理能力。但儿子说："我以学习为主，学习搞好了比当班干部强！"

案例二

九江一位母亲来信说："我女儿读小学二年级。她从小没有整理东西的习惯，她的书包、房间总是乱糟糟的，衣服、玩具、书本扔得到处都是。以前我给她整理，现在她不让我整理，说我把她的东西整得都找不到了，而我不去整理，她也常常今天这个找不到、明天那个找不着。母女俩因此常常闹得很不愉快。"

以上问题都是由于孩子缺乏自立意识和自立能力造成的。孩子缺乏自立能力是非常可怕的。父母不能一辈子牵着孩子的手，为孩子包办一切，因此必须培养孩子的独立意识和独立能力。让他们自己去思索一些问题，再让孩子自己去解决问题，同时还要培养孩子的一技之长。除了让孩子去做自己力所能及的事情之外，还要让他明白自己的责任和义务。唯有如此，才能帮助孩子培养他们的独立能力，从而具备个性魅力。否则，孩子将

妈妈悟语：

来无法立足社会。

　　既然孩子的自立能力这么重要，那么，究竟又是什么原因导致案例一、案例二中的孩子出现这种状况呢？

　　重要的原因是：父母从小过分包办孩子的事情了。孩子从小没有整理东西的习惯，肯定是父母从小没有教给孩子……父母总是以爱的前提为孩子做好一切，于是孩子在父母爱的包裹下，渐渐失去独立生活的动力，产生了很强的依赖性。

　　我们不能责怪孩子，孩子缺乏自主意识和自立能力，那是我们大人在无形之中替孩子包打天下，事事关心造成的。下面的角色换位练习将会让你实实在在地明白这个道理并了解孩子的心灵感受。

换位思考

妈妈悟语：

情境一：

你是一个 4 岁的孩子，经常听到父母对你说：

"来，妈妈帮宝宝洗脸了。"

"来，妈妈喂你吃饭。"

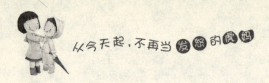

你的感受：

_____

妈妈悟语：

_____

_____

_____

_____

_____

情境二：

你是一个 7 岁的孩子,经常听到父母对你说：

"这些李子是妈妈专门为你留的!"

"这样的活妈妈来做,你去看书吧!"

你的感受：

_____

_____

_____

_____

_____

情境三：

你是一个 16 岁的孩子,经常听到父母对你说：

"你学习紧张,衣服我来洗。"

"是你爸爸不对,你来吃饭吧!"

你的感受：

_____

_____

_____

_____

_____

情境四：

你将参加中考，经常听到父母这样说：

"现在可是关键时刻，这是妈妈给你买的补品，你一定要都吃完呀！"

"以后上学别骑自行车了，让爸爸送你去。"

你的感受：

_____

_____

_____

_____

_____

情境五：

你想自己去乡下的姥姥家，经常听到父母这样说：

"你别去了，路上车多人也多，你自己也不认识路。"

"路上一定要带上水和面包，别和陌生人说话，小心看管好自己的钱包……"

妈妈悟语：

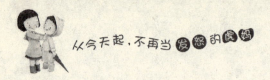

从今天起，不再当发怒的虎妈

你的感受：

妈妈悟语：

_____

_____

_____

_____

_____

情境六：

你看到花园里的花草需要整理了，经常听到父母这样说：

"你别动了，你不会使用工具，万一弄伤你怎么办！"

"你还小，这种工具对你来说太重了，等你长大了再说吧！"

_____

_____

_____

_____

你也许并不相信你所写下的，你惊讶于孩子如果每天都有这样的感受会怎么样。试想一下，你的孩子逐渐成长，他想摘一朵花，你告诉他花有刺；他想帮你分担家务，你告诉他不需要；他想走出家去，你告诉他外面的世界很危险。于是，在你的关怀中，孩子除了有点感谢之外更多感受到的是没有能力、没有价值感、怨恨、挫败和生气，以及无休止地自怨自艾。这实在让你很为难，一方面你爱孩子，另一方面你的爱却又阻碍了孩子的成长。

如果父母站在成人的立场，用成人的思维方式来分析孩子的问题，指明方向，告诉他们如何去做，不给孩子任何锻炼的机会,那么父母只是孩子的"监工"罢了。当然,现在你不想这样,那么,你能放手你的爱吗,让孩子的依赖感降到最低?你愿意给孩子自己成长的机会吗?

鼓励孩子自立的 6 个技巧

1.保护孩子的劳动积极性

女儿最近特别懂事,想到给妈妈做饭了,可是这次做砸了。

妈妈:这个菜很难做的,妈妈第一次做还没你做的好吃呢,下次只要你掌握好火候应该没问题,继续努力呀!

如果你是位不合格的妈妈,你也许会这么说:

妈妈:你怎么做的,这么简单的菜都做不好,以后别做了!

方法运用

女儿今年 5 岁了,最近对养花突然有了兴趣,非要缠着妈妈给她买一盆花,妈妈对她说:"买可以,但是你必须自己每天给花浇水。"女儿爽快地答应了。

开始几天,女儿非常热情,每天都能按时给花浇水,还不断地转动花盆,让它充分接受日照。但是几天之后,女儿的热情就降低了,给花浇水的次数也越来越少了,有时候甚至几天都不给花浇水,花都快枯死了。

妈妈说:"你不是说自己每天给花浇水的吗? 可是现在你看,花都快枯死了!"

妈妈悟语:

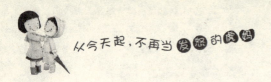

女儿一看说："妈妈，对不起，我给忘了！"

"妈妈不怪你，你前几天不是做得挺好的吗？妈妈相信你，只要你认真管理，花一定会长得很好的！"

以后女儿真的比以前还认真了，劳动的积极性也提高了，每天按时给花浇水，花很快恢复了生机，现在女儿在别的方面也变得有责任心了。

2.不对孩子的事情表现出过分的关注

妈妈看见儿子垂头丧气地回来。

妈妈：你好像不高兴？

如果你是位不合格的妈妈，你也许会这么说：

妈妈：今天比赛完了吧，结果怎么样？你们赢了吗？你进了几个球？没有吗？为什么没有？你怎么不说话？

方法运用

小龙在结束了一天幼儿园生活后，总要和其他小朋友在幼儿园活动场所"疯"一阵。这天，他玩着玩着，又发现了一个小船似的可以晃悠的大积木，让他十分感兴趣。

当时已经有一个小女孩骑在上面了，但小龙却不顾一切地挤到女孩身后，硬要骑上去。那女孩自然不让，于是两个孩子拉扯推搡起来。这时候，在一旁的女孩母亲走了过来，相当严厉地对小龙责骂了起来。

恰巧，小龙的母亲也到幼儿园接孩子。也许这位女孩的母亲并不知道小龙的母亲就在附近，否则她应该不会这样"声色俱厉"。小龙的母亲看到儿子害怕了，小脸涨得通红，有些惊惶地望着女孩的母亲。小龙先前的行为虽然多少有一些"蛮横"，没太注意游戏规则，但毕竟没有发生激烈的"暴力冲突"。

这位女孩的母亲却以不适当的方式介入了孩子之间的矛盾，使小龙一时不知所措，甚至害怕起来了。小龙的母亲多少有些替儿子不平，也很心疼，但还是打消了想去帮助解释和劝解的念头，依然若无其事地与他人谈笑，眼角则不时关注着"事态发展"。只见小龙涨红了小脸与那位母亲辩白了几句，虽然声音不大，表情也有些紧张，但他还是在力图说明什么。后来，他终于和小女孩一起骑上大积木玩了起来，很快就把刚才的事抛到脑后。看到了这一幕，小龙的母亲越发认为自己刚才的"不介入"是正确的。

孩子们的问题更多地应该让孩子自己去面对、去解决。大人过多参与只会助长孩子依赖大人的心理。只有独立面对问题、解决问题，孩子才可能学会应付各种困难。

对父母而言，培养孩子直接面对挫折的意识非常重要。因为父母作为孩子的首任教师，在孩子个性的形成过程中起着非常重要的作用。

3.让孩子自己作出判断

有时候，孩子自己作出判断的过程，也就是自己思考问题的过程。

妈妈：你是要穿蓝色的鞋子，还是要穿白色的鞋子？

如果你是位不合格的妈妈，你也许会这么说：

妈妈：你就穿白色的鞋子吧，蓝色的和你的衣服不搭配。

方法运用一

儿子回到家吵着要买最流行的新衣服。可是家里刚提前把房贷还完，正是经济最紧张的时候。

妈妈对儿子说："为什么非要现在买新衣服呀？你的衣服不

妈妈悟语：

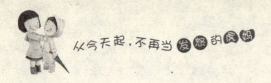

少了，都还挺新的。"

儿子说："好多同学都有那样的衣服，我却没有，很没面子，他们会看不起我的。"

妈妈就问他："你们班人缘最好的男生是谁？"

他想了想说："是李磊。"

妈妈问："他有那样的衣服吗？"

他摇摇头说："他家穷，他一直没穿过值钱的衣服。"

妈妈问："那他为什么人缘好呢？"

他说："因为他喜欢帮助别人。"

妈妈又问："你们班最受人羡慕的女孩是谁？"

他回答："张雪。"

妈妈又问："她穿这个牌子的衣服了吗？"

儿子又摇摇头说："没有，她常穿的衣服就两件，不过都是干干净净的。"

妈妈问："那她为什么最受人羡慕呢？"

他回答："因为她学习好，经常考第一名。"

妈妈说："你看妈妈的漂亮衣服多吗？"

他说："不多。"

妈妈说："那妈妈单位的叔叔阿姨是不是很喜欢妈妈呀？"

他说："是啊，妈妈，我明白了，人要有面子，不是靠衣服，而是靠品德和学习成绩。只要我能做到这些，我也会成为大家最喜欢的人。"

孩子最难做到的就是坚持原则，父母巧妙地给予假设，让孩子自己作出取舍、判断，在这一过程中孩子逐渐地学会为自己的行为负责，也逐渐地学会了自立。

方法运用二

儿子已经上初二了，却还是个没主见的孩子，不管遇到什么事都要父母帮他拿主意。他信任父母、愿意跟父母多沟通当然是好事，可问题是他总是不能拿出自己的意见，必须要父母指挥他才行。这样对他的成长显然会很不利。可是如果直接这样批评他，不仅会伤了他的自尊心，还会让他不再愿意跟父母交流，而让别的同学给他出主意，这样恐怕会更糟糕！

一天晚上回到家，他又让母亲给他拿主意。很多同学支持他竞选班长，他却拿不定主意到底该不该参加竞选。爸爸问他："你是怎么想的？"他说："我想参加，锻炼一下自己的能力，也为班级做点贡献。可是又怕竞选不上没面子，也怕影响学习，还有很多因素要考虑。你们帮我作决定吧，我听你们的。"爸爸说："这样，你拿张纸，全面考虑一下，一边列上参加竞选的好处，一边列上坏处，然后看哪边占的分量大，你就按哪边做。"

儿子照着爸爸的话去做了，一会儿他自己得出了结论，还是参加竞选比较好。妈妈对他说："以后遇到拿不定主意的事情都可以按照这个方法试试。"儿子会心地点了点头。

以后儿子遇到类似的问题父母总是鼓励他自己列个表对比着作决定，他渐渐地变成了一个有主见的大孩子，不再什么事情都要求父母作决定了。

方法运用三

儿子上小学二年级的时候，每星期要的零花钱开始多了起来，妈妈有些为难了：都给他吧，怕把孩子惯坏了；不给吧，他又闹得人心烦。跟他说理吧，有时说得通，有时说不通，很累。

后来妈妈想了一个办法，就是每个月给他 20 元零花钱

从今天起，不再当发怒的虎妈

妈妈悟语：

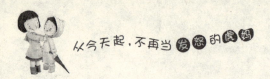

妈妈悟语：

（包括吃零食、买玩具，不包括买书、买衣服），花完了就没有了。钱也可以存到妈妈这里，每个月的利息是10%。也可以借钱，利息是20%。

妈妈把第一个月的零花钱给了儿子。儿子还是够谨慎的，10元存到了妈妈这里，剩下的自己拿着。当天他就花了2元。晚上一起逛超市的时候，他看上了一个玩具，12元，他想让妈妈给他买，妈妈说："可以，但是用你自己的零花钱哦。"儿子立刻说："那我还是再考虑考虑吧。"最后也没买。

儿子有了自主权后，花钱反倒没有以前那么大手大脚了，总是考虑再三才买他想要的东西。为了他喜欢的玩具，他学会了节俭，不再吃以前每天都吃的那种零食了。很多以前妈妈怎么劝也改不了的坏毛病都自己消失了。到月底他的钱刚好花光，没有借款，除了少数钱买了零食外，大部分都是很好的玩具。第二个月，发给他的零花钱只花了一半。儿子好像突然之间长大了许多。

给孩子一部分钱，并给他自己使用这部分钱的权利，孩子在使用金钱的过程中，不仅学会了如何有效地利用钱财，重要的是这一过程使孩子开始学会不再什么事情都依靠父母了，学会自己作出判断，变成一个自立的孩子。

4.让孩子自己寻求解决的方法

有时候父母可以给孩子创设轻松的心理环境，多提建设性的意见，放手让孩子自己去想、去做，允许孩子犯错误，每天给简单的任务让他完成，让孩子体验成功的快乐。

儿子：爸爸，风是怎么形成的？

爸爸：这个问题可要难住爸爸了，你是怎么想的？要不你去查查资料，看看能不能自己解决这个问题，顺便也让爸爸长长见识，怎么样？

（儿子经过一番努力，找到了答案）

儿子：风是这样形成的：暖空气膨胀变轻后上升，冷空气变重后下降，这样冷暖空气便产生流动，形成了风。在气象上，风常指空气的水平运动，并用风向、风速（或风力）来表示。爸爸，记住了吗？

爸爸：真棒，儿子！

方法运用一

一天，爸爸带着 6 岁的儿子去郊游，爸爸钓鱼，儿子在一旁玩耍。在离湖边不远处，有一个很深的大坑。孩子好奇，自己偷偷摸索着下到坑里。玩了一阵子后他发现，大坑离地面很高，下来容易上去难。于是他不得不求助正在钓鱼的爸爸："爸爸，爸爸，帮帮我，我上不去了！"但是爸爸没有回应他。

于是，孩子的第一个反应就是愤怒。他开始反复直呼爸爸的名字，可爸爸还是置之不理。

这时，天渐渐地黑下来，出于恐惧和无助，儿子开始又哭又喊，爸爸其实很揪心，但是仍然没有答复他。

爸爸知道坑里有几棵可以攀缘的小树，他应该能上来。过了好长一段时间，儿子艰难地爬上来。此时此刻，爸爸还在那里叼着烟卷，悠闲地一动不动地钓着鱼。令人意想不到的是，儿子没有抱怨，更没有愤怒，而是径直走到爸爸身边，自豪地对爸爸说："老爸，是我自己上来的！"

方法运用二

一天，妈妈让儿子去附近书店买本书，儿子买了书，并找

妈妈悟语：
- - - - - - - -
- - - - - - - -
- - - - - - - -
- - - - - - - -
- - - - - - - -
- - - - - - - -
- - - - - - - -
- - - - - - - -
- - - - - - - -
- - - - - - - -

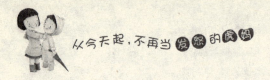

回来一张 5 元的纸币。回到家,他把书和找回的钱一块交给了妈妈。

妈妈悟语:

妈妈一看,这张 5 元纸币的左下方缺了一个大角,便对儿子说:"儿子,你把这张钱给店老板,让他换张好的!不过你要考虑一下你应该怎么说话。"

一会儿,儿子回来了,手里依然是那张缺角的 5 元钱。妈妈问儿子怎么回事,儿子生气地说:"我让老板给我换张好的,可老板不承认是他找的!"

妈妈说:"你必须再去一次,考虑一下你的说话技巧!"儿子拿着钱去了,一会儿儿子有些气愤地回来了,手里依旧是那张缺角的 5 元钱。

"怎么回事,儿子?"

"我对老板说,如果他不给我换钱,我就再也不买他的书了,可他还是不给我换。"儿子有些气愤地回答道。

"你还要再去,儿子,再考虑一下你的说话技巧!"妈妈说。

儿子第三次去了,一会儿,他果然拿着一张完整的纸币高兴地跑了回来。

"你是怎么办到的,儿子?"妈妈问。

儿子兴奋地说:"我告诉老板,如果他不给我换钱的话,他会失去我这样一个小顾客,他就立刻给我换钱了!"

妈妈高兴地抱起了儿子!

生活中,要让孩子学会自己解决问题,而且要勇于思考和积极争取。这样,他们才能真正走向成熟,走向独立。

5.让孩子自己去尝试和体验

挫折是人生的一部分,孩子失败了,但是他获得了"痛苦的体验"，将来就知道如何去避免，同时也就有了挑战困难的契机。孩子从失败走向成功的过程，就是一个锻炼自己的机会。

女儿：妈妈，我想参加学校举行的英语口语比赛。

妈妈：这是个不错的主意，对你的英语口语提高肯定有很大帮助。

如果你是位不合格的妈妈，你也许会这么说：

女儿：妈妈，我想参加学校举行的英语口语比赛。

妈妈：就你的英语水平，我看恐怕不行吧？

方法运用一

在幼儿园游乐场的组合滑梯上，孩子们正玩得开心。许多爸爸妈妈站在一旁围观，看着孩子们在滑梯上兴奋地爬上爬下。

最吸引众人目光的是龙龙。其他孩子都是顺着梯子爬到滑梯顶部，然后坐好，两手扶着扶手滑下来。唯独他不停地变换着花样玩法，活跃而灵巧地做出各种大胆而新奇的动作，显得特别鹤立鸡群。

有的家长不禁担心地叫起来："太危险了，会摔着你的！"龙龙的妈妈听见了，连忙摆摆手说："请不用为他担心，我的儿子知道自己该怎么做！"事实也是这样，龙龙的动作敏捷，虽然有时看上去是个危险姿势，但他也能比较安全地落地。尽管有几次他倒着下滑时因动作太猛，头磕到了地上，但他很快爬起来，揉揉碰疼的地方，又满不在乎地去玩了。他的脸上始终是快乐的笑容，嘴里还常常发出快活的尖叫。而龙龙的妈妈就始终面露微笑站在一旁。

对于孩子来说，他们需要的不是无微不至的保护，而是敢

妈妈悟语：

197

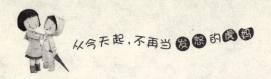

妈妈悟语：

于搏击风雨的独立精神。把属于孩子的自由空间还给他们，让孩子在尽情玩乐的同时去试验自己的能力，让他们通过尝试，自己找到如何避免危险的方法，打造战胜困难的信心。如果父母对孩子过分保护，恰恰就剥夺了孩子发展自己能力的机会，也伤害了他试图挑战个人极限的自信心。碰伤的青肿会慢慢好的，可受伤的勇气该怎样恢复则成了更大的教育问题。

父母应当相信自己的孩子，给他们更多的机会去体验、去闯荡，从而成为自信、勇敢和富有创造力的人。

方法运用二

儿子 10 岁了，被视为掌上明珠，从来也不敢独自行动，甚至离家几步之遥的地方也不去。

有一次，儿子想到书店去看书，非让妈妈陪着，妈妈想让儿子自己去书店看书，就严肃地对孩子说："妈妈给你一次机会，你自己去书店看书，我相信你，你肯定没有问题。"面对妈妈的严肃表情，孩子开始还犹豫，可是后来还是去了。

两个小时后，孩子高高兴兴地从书店回来了，一种自豪的表情挂在脸上。

从这以后，孩子能自己处理的问题，妈妈也开始放手让他尝试着去做，有时还把一些重要的事情交给孩子去办，他完成得都还不错。孩子也感觉到了妈妈对他的信任，变得懂事多了，还告诉妈妈很多知心话。

这个案例告诉我们，其实，孩子从懂事开始，便有了自己的思想，就跟成人一样，渴望被理解、被尊重以及被信任。可是，很多父母往往忽略了这一点。

一位家庭教育专家曾指出，教育的奥秘在于坚信孩子

"行"。每个孩子心灵深处最强烈的需求和成人一样，就是渴望受到赏识和肯定。父母要自始至终给孩子前进的信心和力量，哪怕是一次不经意的表扬、一个小小的鼓励，都会让孩子激动好长时间，甚至会改变他的整个面貌。

在教育史上，有一个著名的"暗含期待效应"实验。其原理就是信任，这种效应被广泛运用于现代家庭教育中，要求父母要从对孩子的信任出发，培养孩子的积极性，让孩子在别人的鼓励和信任中不断地进步。

对孩子信任，做孩子的朋友，能够激发孩子内心的动力，让孩子体会到被尊重和认可的快乐。他们会在父母充满信任和友好的目光与言语中，一步一个脚印地去尝试和体验，实现他们心中的理想。

6.鼓励孩子寻求家庭以外的援助

儿子：爸爸，这次你一定要帮帮我，我的玩具又不动了。

爸爸：孩子，为什么不去看看说明书呢？

如果你是位不合格的爸爸，你也许会这么说：

儿子：爸爸，这次你一定要帮帮我，我的玩具又不动了。

爸爸：真是会找事，拿过来我看看！

方法运用

女儿已经10岁了，可是她无论做什么事情都喜欢依赖妈妈。上学前她问妈妈穿哪件衣服，自己从不选择。买玩具从来也不挑剔，妈妈给她哪个，她就安安静静地在一旁玩，一点儿也不淘气。刚开始，妈妈还挺高兴的，心想这样一个听话的女儿省了妈妈多少心呀。可是孩子渐渐长大了，一些简单的小事她自己也不能作出决定，妈妈意识到了问题的严重性。

妈妈悟语：

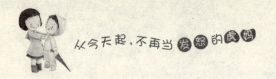

妈妈悟语：

一天，妈妈正在做饭，女儿突然说她想学习钢琴，妈妈问她怎么突然想学习钢琴了，她说她听见邻居的小姐姐弹钢琴非常好听，所以也想学。妈妈直接把家庭条件告诉她：第一，家里根本买不起钢琴；第二，妈妈也不会给她报什么钢琴班，因为同样交不起昂贵的学费。妈妈告诉她，如果想学钢琴，你可以试试和邻居的小姐姐商量商量，看她是否愿意教你。她想了想，知道只有这个办法是可行的，可是她不想自己去，她开始央求妈妈，让妈妈去说。妈妈说这是你自己的事情，如果你不愿意那就算了。

接下来的几天，女儿一直闷闷不乐，妈妈知道原因，故意在她面前摆出一副什么都不曾发生、很开心的样子。有一天，妈妈正在做饭，女儿突然跑进来，向妈妈讲述了学习弹钢琴的美妙，妈妈知道女儿跨出了可贵的一步。

她体会到了不依赖父母，自己做事情的快乐，渐渐的女儿也开始有了自己的主见，无论做什么事情她总是自己先解决，然后再通知父母，妈妈为有这样的孩子而感到自豪！

从以上的例子可以看出，要想提高孩子的自立能力，更重要的是培养孩子独立的意识。正如法国思想家卢梭所说的："要使一个孩子能够成为明智的人，就必须培养他有自己的看法，而不能要他服从我们的看法。"

尽管上面的方法看似很简单，但实际操作远没有想象中的容易，似乎大多数家长已经习惯了孩子听从父母意愿的教育方式。现在，需要你下决心，多用以上的方式和孩子交流，要有意识地去培养他们的独立意识。

听与说练习

下面的练习是家长常说的话,关于那些对鼓励孩子无益的话,请家长试着用以上几种方法修正。

练习一

A.你的孩子帮你拖地了,只是效果不太好。

假设你用通常的方式,你会怎么说?

_____

_____

_____

_____

_____

今天,用"保护孩子的劳动积极性"的方法,你会怎么说?

_____

_____

_____

_____

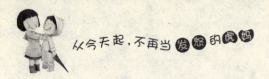

妈妈悟语：

对比两种方法的效果：

_____

_____

_____

_____

_____

B.假期孩子去登山了，回来后你对孩子很关心。

假设你用通常的方式，你会怎么说？

_____

_____

_____

_____

　　今天，用"不对孩子的事情表现出过分的关注"的方法，你

会怎么说？

_____

_____

_____

_____

对比两种方法的效果:

_____

_____

_____

_____

_____

C.父母将有一段时间不在家,想把孩子托付给爷爷或是叔叔。

假设你用通常的方式,你会怎么说?

_____

_____

_____

_____

今天,用"让孩子自己作出判断"的方法,你会怎么说?

_____

_____

_____

_____

妈妈悟语:

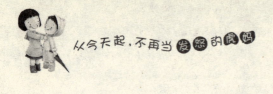

对比两种方法的效果：

_____

_____

_____

_____

_____

妈妈悟语：

D.奶奶生病了，妈妈每天照顾奶奶的饮食起居，孩子对此表现出疑问。

假设你用通常的方式，你会怎么说？

_____

_____

_____

_____

今天，用"让孩子自己寻求解决的方法"的方法，你会怎么说？

_____

_____

_____

_____

对比两种方法的效果：

_____

_____

_____

_____

_____

E.孩子想参加学校组织的夏令营活动。

假设你用通常的方式,你会怎么说?

_____

_____

_____

_____

_____

今天,用"让孩子自己去尝试和体验"的方法,你会怎么说?

_____

_____

_____

_____

_____

对比两种方法的效果：

_____

_____

_____

_____

_____

妈妈悟语:

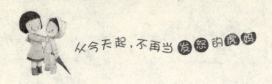
F.孩子想学习滑旱冰，要求妈妈和他一块儿练习。

假设你用通常的方式，你会怎么说？

妈妈悟语：

_____

_____

_____

今天，用"鼓励孩子寻求家庭以外的援助"的方法，你会怎么说？

_____

_____

_____

_____

对比两种方法的效果：

_____

_____

_____

_____

　　现在你已经掌握了鼓励孩子自立的基本方法，当然，你也许已经想到，这些并不是解决问题的唯一方法，也许还有更好的方法。

　　下面的练习，是在生活中正在发生的一些情况，需要你用今天所学的方法来解决，当然你也可以用任何你认为更合适的方法。

练习二

A.孩子:我今天上学迟到了,你明天能早点做饭吗?

家长:(让孩子继续依赖)

_____

_____

_____

_____

家长:(鼓励孩子自立)

_____

_____

_____

_____

B.孩子:我讨厌数学,语文也不喜欢。我不想再上学了。

家长:(让孩子继续依赖)

_____

_____

_____

_____

妈妈悟语:_____

从今天起,不再当发怒的虎妈

207

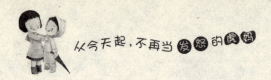

家长:(鼓励孩子自立)

_____

妈妈悟语:

_____

_____

_____

_____

C.孩子:妈妈,今天下雨吗?我用不用带伞?

家长:(让孩子继续依赖)

_____

_____

_____

_____

家长:(鼓励孩子自立)

_____

_____

_____

_____

D.孩子:我怎么办,为什么老是学不会物理?

家长:(让孩子继续依赖)

_____

_____

_____

_____

家长:(鼓励孩子自立)

_____

_____

_____

_____

E.孩子:妈妈,我想买一台电脑,可我的压岁钱不够了……

家长:(让孩子继续依赖)

_____

_____

_____

_____

家长:(鼓励孩子自立)

_____

_____

_____

_____

妈妈悟语:

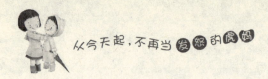

F.孩子:贝贝让我参加她的生日聚会,可是我不知道买什么礼物。我该买什么呀?

家长:(让孩子继续依赖)

_____

_____

_____

_____

家长:(鼓励孩子自立)

_____

_____

_____

_____

妈妈悟语:

_____

_____

_____

_____

_____

_____

_____

_____

随着孩子的成长,他们从生理到心理都发生着疾风暴雨式的变化,身体的变化渐渐使他们意识到自己不再是个孩子,内心深处的成人意识开始觉醒了。他们用期盼的目光面对即将来临的成人世界,并越来越感到自己是"大人"了。角色转换使他们重新认识自我,日益强烈地希望独立、平等,不再安于原有地位,他们强烈要求从大人的约束中解脱出来。孩子独立意识的产生,是一件好事,这是其生命历程中必须经历的一个过程。孩子们长大了,他们将告别幼稚,走向成熟,这不令父母感到欣慰吗?

第八章

如何对待孩子的过失行为

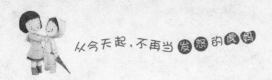

妈妈悟语：

孩子真是太可气了，有什么办法可以教育他呢？

这是父母经常说的一句话，可是你的孩子真的如你所说，糟糕到极点了吗？

文斌是一个很聪明的孩子，在班级里却是出了名的小淘气，上课思想总是开小差，东张西望，或者趁老师不注意用彩笔在同学的衣服上画小人；好几次还故意把女同学的头发拴在椅背上，看着她们疼得大哭。放学回家写作业，还没写到三分之一，屁股就坐不住了，一会儿去喝水、上厕所，一会儿又咬着苹果边吃边写，不久又问奶奶大概几点可以去楼上找小国玩……

现在文斌已经上小学五年级了，爸爸每周都会被老师请去"训话"。这样的孩子在父母眼中早已无药可救，可想而知，文斌让爸爸的心情糟到了极点。

在心理咨询专家面前，喜欢搞恶作剧的文斌吐露了心声：有一次幼儿园里上课时，不知道是哪位小朋友趁老师不注意将粉笔扔到老师的身上，老师却将文斌叫到教室外站了一节课，还让他把爸爸请到了学校"训话"，回来后爸爸狠狠地打了他一顿，他心里很恨爸爸，从此就经常惹祸，每次看到爸爸在老师面前唯唯诺诺的样子，自己都感到特别开心和解气。在说到学习问题时，文斌显得有些困惑，他说，每次上课时他都感到特别无聊,无法集中注意力好好听课,即使努力强迫自己去听,也会不自觉地走神……

由此可见,老师和家长采取的简单的处理问题的方法是导致孩子出现性格缺陷的最主要原因,既严重地影响了孩子的心理健康,伤害了孩子的人格和自尊心,造成心理上的创伤,使孩子完全失去了上进心,同时也使家庭成员之间的关系冷淡,将孩子推向了对立、偏激、孤僻。而学校的老师因为各方面的原因,不可能顾及到每一个孩子在学习、生活中的需求,无法提供及时有效的帮助,致使失去孩子的信任,也让孩子在学习中孤立无援,自暴自弃。

家长应该配合老师,改变教育方法,在更多地关注孩子,增强正面强化力度,减少负面强化的影响外,更重要的是加强在学习方面对孩子的帮助,力求能够通过学习成绩的提高让孩子找到更多的成就感,进而帮助其解决更多的相关问题。

每一个有问题的孩子都能够改好,关键是家长是否能够找到问题的根源。只要能够找准孩子改变的支点,他完全可以改变自己的现状,增强自信,改变他的人生世界。

从今天起,不再当发怒的虎妈

妈妈悟语:

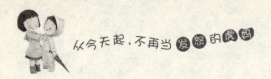
妈妈悟语：

孩子逆反心理太强，该怎么办呢？

　　日常生活中，孩子经常会淘气地把废纸篓弄翻，把里面的东西扔得到处都是，还会把刚买回来的玩具拆坏，把父母认为重要的东西拿出来胡乱摆弄。见到这种情况，父母往往会忍不住用"你瞎鼓捣些什么"之类的话进行斥责。

　　孩子淘气是不是坏事呢？好动、好奇、好模仿是儿童的特性。随着孩子年龄的增长、兴趣爱好逐渐广泛，孩子的探求、尝试活动会越来越多，这是人体发展的自然规律。但是，由于认知能力不高，自我制约力不强，他们往往会做出很多令人哭笑不得的事情。于是，家长就给孩子下了结论——"淘气"。

　　其实，孩子的"淘气"中潜伏着求知的渴望、认识的提高和智能的发展。他们在"淘气"中通过观察、触摸、聆听以及联想等方式，使视觉、触觉、听觉、嗅觉、味觉等得到锻炼和发展。正是因为"淘气"带给孩子以经验的积累和思维能力的提高，他们才逐渐认识了纷纭复杂的大千世界。所以说淘气并非坏事，它绝对不能等同于过失。

　　当孩子被强烈的好奇心驱使而一心一意地去探究时，心理状态往往是忘我的、不计后果的。待到严重的后果呈现后，他们才会有惊恐的感觉产生。有一个男孩为了验证动物都有心脏的说法，把自家养的一条名贵的金鱼解剖了，母亲回来后他还乐滋滋地捧着死鱼给母亲看。在这种情况下，倘若父母对他们的探知欲能给予一定的赞赏，他们会认真吸取教训，并在家长的真诚"合作"中受到巨大鼓舞，智力也会得到新的开启和发展；如果父母给予的是制止、训斥、打骂，那么必然会冷落他们的求知欲望，挫伤他们的探索精神，这对孩子智力的发展和提高无疑是一种压制和摧残。

有个7岁的男孩子在好奇心的驱使下，把妈妈刚给他买的电动玩具拆散了。随后他多次想把它重新组装好，都没有成功。妈妈看到后，气恼地把玩具锁进抽屉里，并警告他一周内不准玩玩具，否则就一年内不再给他买新的玩具。孩子感到十分委屈，待在自己的小屋里独自垂泪。三天后，出差的爸爸回来了。得知这一情况后，他立刻找出零件，把孩子妈妈也叫来，饶有兴趣地指导、帮助孩子把玩具很快装好了。

孩子高兴得跳了起来，还把这个玩具的原理讲给爸爸妈妈听，说他也要仿照这个原理做一个新玩具。此时那位年轻的母亲才深感后悔。

妈妈悟语：

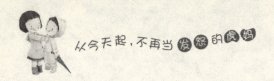
妈妈悟语：

孩子不小心犯错，可以惩罚他吗？

孩子不小心把家中的座钟撞倒了，父亲怒不可遏地说："你怎么把座钟撞倒了，你这个笨蛋！"

孩子失手打碎东西，损毁家中物品，父母对孩子又喊又叫甚至动手打骂的现象十分常见。其实，父母的这种做法是极不妥当的。

像那个撞倒座钟的孩子，对其所犯的过失完全能意识到，而且在事发后也一定已经感到非常内疚了。

针对孩子这种心理，教育专家认为，此时不责备孩子比责备孩子起到的效果要好。父母只需询问一下事件发生的原因就可以了。比如，可以平静地对孩子说："孩子，告诉我你是怎么把座钟撞倒的？一定是不小心吧？"父母温情达观的话语，既会让孩子感到意外的欣喜，又会促其进一步自省。务必记住：孩子犯的过失越大父母应越加克制；这时对孩子批评得越厉害，效果就会越糟糕。

孩子犯错难道也要尊重他吗？

我们在教育子女时永远不应忘记"尊重"二字。许多时候，孩子错了，能够自察自纠，真正麻木不仁的孩子是很少见的。下面我们一起来看一个教育家陶行知先生教育学生的故事。

一天，陶行知在校园里看到学生王友用泥块砸自己班上的同学，当即制止了他，并让他放学后到校长室去一趟。放学后，陶行知来到校长室，发现王友已经等在门口准备挨训了。

陶行知掏出一块糖果送给他，说："这是给你的，因为你按时来到这里，而我却迟到了。这是对你的奖励。"王友迟疑地接过糖果，不知该说什么好。随之，陶行知又掏出一块糖果放到他手里，说："这块糖也是奖给你的。因为当我不让你再打人时，你立即就住手了，这说明你很尊重我，我应该奖励你。"

王友更惊疑了，眼睛睁得大大的。陶行知又掏出第三块糖果塞到王友手里，说："我调查过了，你用泥块砸那些同学，是因为他们欺负女生。这说明你很正直，应该奖励你！"

作为一校之长，陶行知的尊重、理解与平等，自然让王友既感动又内疚。由此可见，尊重与理解是让孩子意识到错误并能改正错误的最有效方法。

妈妈悟语：

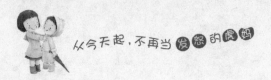

当孩子犯错误的时候，是不是可以把孩子的错误怪在别人身上？

　　在中国传统的家庭教育中，有一个十分独特而又有趣的现象，那就是"打椅子"。相信大家都非常熟悉这样的场景：小孩子不小心被一把椅子碰倒，这个孩子的妈妈会很心疼地把孩子从地上扶起来，一边安抚孩子，一边指着椅子说，"都是这个椅子不好，让宝宝摔倒了，妈妈打这个椅子给宝宝出气"，于是妈妈就使劲地拍打这个椅子。

　　显然，这个椅子是不会错的，而是妈妈在安慰孩子的时候用错了教育的方法。孩子会从被椅子碰倒的疼痛中吸取教训吗？当然是不会的，而且孩子很可能还会在相同地方摔倒第二次。因为孩子看到有错的是椅子，而不是自己。这样的教育方法只会坑害孩子，即使他长大后，也会缺乏征服困难的自信心，当他被人生路上的一些沟沟坎坎"绊倒"时，也会养成找各种客观理由为自己开脱的坏习惯。在孩子心目中，事情的因果关系是非常密切的，年龄越小越是如此，所以家长要尽量让孩子承担自己错误行为的后果。

父母烦恼

孩子总是不听话，家里危险的电器，你越是告诉他不要乱碰，他越是要摸一摸；孩子老是喜欢爬到高处，什么桌子上、窗户上，你叫他下来，他就给你逞强，偏偏不下来，还给你做鬼脸；孩子想要什么，就得给买什么，要是不能满足，他立马哭闹、在地上打滚……

在以上这些情况下，家长大多采取惩罚的办法，面对不懂事的孩子，威胁、恐吓、不让吃饭、罚站、不许看电视、不叫出门，更有甚者，那就是打和骂了。

利用以上这些惩罚的方法，效果又如何呢？我们经过大量的调查发现，这种简单粗暴的惩罚方式，不仅不能产生预想的教育效果，反而疏远了亲子之间的感情，容易造成孩子自卑、冷漠、自私、封闭等不良的心理问题，为此，家长也非常困惑。

情境一：

你的孩子在学校中憋了一个星期，你答应过他星期天要去动物园，现在终于实现了。看到这么多新奇的东西，你的孩子太兴奋了，于是你头天晚上给他讲的话都抛到了脑后。

妈妈：等等妈妈，不要跑得太快！（孩子跑出好远，仍然很兴奋。）

女儿：妈妈，你快点！（妈妈极力地追上女儿）

妈妈悟语：

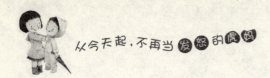
妈妈悟语：

妈妈：牵着妈妈的手，不然你会跑丢的。

女儿：不，妈妈，我能照顾好自己，只要你快点就行！

妈妈：你不听妈妈的话，是吧？那好，你自己走。

小孩就只管往前走了，妈妈掉头拐回去了。过了一会儿，小孩找不到妈妈了，就在路边哭泣起来，哭得喉咙都哑了。妈妈找不到孩子，也很着急，后悔自己不该说那种赌气的话，用这种方式惩罚孩子……

情境二：

儿子把手伸进了动物笼子里，妈妈看到非常生气。

妈妈：告诉你多少遍了，不能把手伸进去，这样容易出危险，知不知道？

儿子：可是妈妈，别人都这么做的！

妈妈：我的话不听是吧？别人都这么做就是对的吗？

儿子：我的手就要伸进去，就是没事！

妈妈：小孩子还要顶嘴，看我不收拾你！

说完，妈妈就拉着孩子的衣领，把小孩拉到了旁边，照他屁股上打了几巴掌，小孩就大声哭了起来。

情境三：

妈妈：现在我去做饭，等爸爸回来的时候，你开一下门。

儿子：可是我想去玩游戏……

妈妈：今天妈妈的耐性已经够好了，想想你今天差点把小妹妹撞倒，摔进水里，看来你该受惩罚了，今晚你可以吃饭，但游戏不许玩。

情境四：

"妈妈，我们今天考数学了。"

"是吗,这回得了多少分?"

"82分,比上次高10分呢。"婷婷有几分骄傲地说。

"哦,这回是比上次进步了。唉,你知道隔壁的扬扬考了多少分吗?"

"好像是90分吧。"婷婷有点不高兴地回答道。

母亲似乎并没有察觉,接着问:"怎么又比她考得差?你努力点行吗?"

"你凭什么说我没努力?比上次提高了10分,老师还表扬我进步了呢,就你总是不满意。"婷婷生气了,她提高嗓门喊了起来。

"你怎么这么不懂事,我这还不是为你好吗? 你看人家扬扬,每次都考得那么好,哪像你时好时差,也不知道争点气。"

"我怎么不争气啦?你嫌我丢你的脸是不是?人家扬扬好,那就让她做你的女儿好啦。"婷婷气冲冲地走进自己的房间,"砰"的一声把门关上了。

到了吃饭的时候,妈妈敲门就是敲不开,她非常气愤,就在门口嚷起来了:"你小小年纪学会顶嘴了,把你白养这么大,一点不知道争点气!"

从此以后,母女之间展开了好长时间的冷战,女儿的学习成绩也越来越不好了。

妈妈悟语:

孩子犯错后,在家长的惩罚方式下,孩子会变得爱说谎,显现出冷漠、孤僻、仇视、攻击等性格上的缺点,这是家长始料未及的。家长只是想让孩子克服缺点、纠正错误,帮助他们分清是非,明确努力的方向。没想到利用惩罚的方式,不仅没达到教育

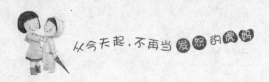
的目的,还会带来这么严重的后果。

妈妈悟语:

用惩罚的方式来教育孩子,并不限于以上几种情况。用打骂惩罚孩子,是一种极为普遍的现象。"打是亲骂是爱,不打不骂是祸害"、"棍棒底下出孝子"、"树不修不成料,儿不打不成才"、"舍不得打,上房揭瓦;捶捶打打,出匹良马"就是许多家庭世代相传的"教子经验"。

打骂孩子乃至造成终生遗憾,其实并非父母的本意。父母之所以面对那嫩生生的骨肉下得了拳脚,实在是一种恨铁不成钢的无能而已。打骂孩子的父母,过后没有不后悔的。但是到了下一次,再遇到所谓的"忍无可忍"的时候,那暴力的手就还会打向孩子。

打骂孩子还说明某些父母没有充分认识到打骂、体罚孩子的危害性。他们不考虑孩子的需要与特点,一味地从自我出发,不允许孩子有半点差错或异议,使孩子感受不到亲子之情和父母之爱,使孩子处于不安和焦虑之中,体力、智力发展受到不良影响。同时,由于得不到应有的爱和支持,孩子往往形成冷漠、孤僻、仇视、攻击、自信心差等心理问题,并且这些心灵创伤,往往会成为日后不良行为甚至犯罪的根源。

打骂孩子造成终生遗憾的事情时有发生,孩子不堪忍受上吊自杀的有之,离家出走的有之,父母失手打伤甚至打死孩子的有之……

打骂从表面上可以使孩子暂时克制自己不正确的欲望,控制不正确的行为,但是,不能从根本上解决问题,弄不好还可能使孩子养成说谎的毛病,变得阳奉阴违,父母面前不做,却在背后做。孩子年幼无知,分不清善恶好坏,也没有坚强的性格,父母就要耐心细致地教他学会分辨，积极地启发和引导。

打骂会侮辱孩子人格，扼杀孩子个性，会使孩子反感、对立，还容易使孩子丧失自尊心，逆来顺受，畏首畏尾。这样的孩子，长大后不能独立自主，凡事依赖他人，容易形成"随风倒"的性格。

打骂孩子既是父母无能和缺乏修养的表现，还可能引起孩子对父母的蔑视，降低父母的威信。有的孩子在脑子里根深蒂固地形成"你有错，我就打你"的观念后，他就会以同样的方式对待其他孩子，还会以同样的方式对待下一代，将来容易成为权威型、暴力型的父母。

打骂教育，是一种畸形的家庭教育方式，在现代的家庭中，应该避免出现。

换位思考

假如你就是情境一中的那个孩子，你会怎么想？

＿＿＿＿＿＿＿＿＿＿＿＿＿＿＿＿＿＿

＿＿＿＿＿＿＿＿＿＿＿＿＿＿＿＿＿＿

＿＿＿＿＿＿＿＿＿＿＿＿＿＿＿＿＿＿

＿＿＿＿＿＿＿＿＿＿＿＿＿＿＿＿＿＿

＿＿＿＿＿

从今天起，不再当发怒的虎妈

妈妈悟语：

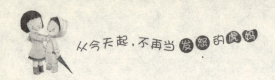

假如你就是情境二中的那个孩子,你会怎么想?

_____

_____

_____

_____

假如你就是情境三中的那个孩子,你会怎么想?

_____

_____

_____

假如你就是情境四中的那个孩子,你会怎么想?

_____

_____

_____

_____

现在,请你重新回到父母的角色,想一想,究竟是什么原因触怒了你,导致你惩罚孩子呢?

例如情境一中的孩子：

_____

_____

_____

_____

_____

例如情境二中的孩子：

_____

_____

_____

_____

例如情境三中的孩子：

_____

_____

_____

_____

例如情境四中的孩子：

_____

_____

_____

_____

从今天起，不再当发怒的虎妈

妈妈悟语：.............................

....

....

....

....

....

....

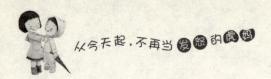

从今天起，不再当 发怒的虎妈

除了以上几种情景外，生活中，我们还因为下列原因经常惩罚孩子：

"这个孩子总是笨手笨脚的！"

"孩子没有时间观念，做事情缺乏紧迫感。"

"孩子现在学会说谎了！"

"虚荣，爱出风头。"

……

那么当你这样评价孩子，或者只用简单的方式惩罚孩子，你的孩子变化了吗？是不是你的批评、指责、惩罚，不但不能让孩子改正错误，相反会使孩子形成胆怯、退缩或是叛逆、攻击等不良心理。

每一个孩子都会出现与父母意见不一致的情况，孩子都希望父母能够尊重自己的意见，毕竟许多事情都需要孩子付出努力才能实现。如果父母忽视了孩子的主观能动性，一味地用父母的威严来压制孩子，孩子即使口头上同意了，内心也无法产生努力的动力，在这种情况下，孩子感觉简直就是受罪。试想，采用这种惩罚的方法处理亲子关系，怎么能指望孩子与父母和睦相处呢？

因此，我们的家长有必要反思一下了，下面是专家提供的几个技巧。

对待孩子过失行为的 5 个技巧

1.给孩子一个表现的机会

有时候，孩子的某些行为只是为了引起你的注意，那你为什么不变被动为主动，让孩子感到他其实很重要呢？

妈妈正在做饭，但是孩子总在一旁拿起炊具玩耍，扰乱妈妈做饭。妈妈可以这样说："亲爱的，妈妈现在很忙，能帮妈妈去买瓶酱油吗？"

如果你是位不合格的妈妈，你也许会这么说："一边去，别打扰我干活！"

方法运用一

一位妈妈介绍了这样一个经验：

我的孩子主动性比较强，很聪明，可就是贪玩，不喜欢学习，更不用说看书了。我深知从小培养孩子读书的重要性，但我又不愿意强迫他，怕他因逆反心理更不愿意读书了。

孩子有个优点是乐于助人，因此我根据他这个特点想了一个办法。一天傍晚他放学回来，我问他："今天有事吗？"他说："有什么事吗？"我说："妈妈想让你帮个忙。"他说："好，你尽管说。"我拿出一份适合孩子看的报纸说："妈妈太忙了，你帮妈妈看看，这上面有哪些好故事，看完后，帮妈妈选三个最好的故事，我需要用，我现在正忙，好不好？"儿子犹豫了一下，点点

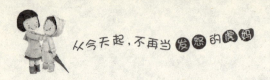

头说："好！"

妈妈悟语：

然后我开始做饭，并偷偷观察他。刚开始他只是满不在乎地翻看着，慢慢地，我发现他沉浸到了故事中，一会儿眉毛紧锁，一会儿开怀大笑……饭做好了，他还没看完，让他吃饭，他却说："快看完了，等看完了再吃。"我非常高兴——儿子第一次为了看报而推迟吃饭。

饭桌上，儿子兴高采烈地谈论着刚才看过的故事，我的目的达到了。以后我每天都让他帮我选故事，后来有一天我没顾上让他帮我，他竟主动来要求帮我选故事。儿子终于开始喜欢读书了。

家长用请求孩子帮忙的办法，给孩子一个表现的机会，孩子在这个过程中体验到了学习的乐趣，从而改变了以前的学习态度。用这种方法代替惩罚，不失为一种非常明智的方法。

方法运用二

儿子已经 11 岁了，明天公司将组织一次春游，以前每次出行前，都是妈妈把物品收拾好，第二天背上旅行包开心地上路就行了。这次，妈妈想应该培养孩子自己照顾自己的能力，让他自己收拾行李，所以，妈妈对他说："今天我很累，请你帮我收拾旅行包吧，再说你明天也要和我一起去的！"儿子高兴地答应了。

儿子终于收拾好了一切，他说："妈妈，这是我收拾所有物品的清单，现在，你看一下少了什么东西没有？"

2.给孩子一个选择的机会

摆出几种可供选择的情况，让孩子去选择。让孩子按照自己的意愿去行动，这样孩子就不会把自己的错误怪到别人身上，因为这是他自己选择的结果。责罚只是一种教育的手段，而不是教育的目的。在对孩子进行责罚时，必须教给孩子做事的正确方法。最好是给孩子作些暗示，让孩子自己去思考并作出判断。

哥哥有两个玩具，女儿要玩其中的一个玩具，可是哥哥不想让她玩，两个人为此争执起来。妈妈对儿子说："哥哥是男子汉哦，男子汉应该照顾妹妹，男子汉最最厉害了。"

如果你是位不合格的妈妈，你也许会这么说："赶紧给妹妹一个！还是哥哥呢，也不知道让人，不然揍你！"

方法运用一

星期天，妈妈出门逛商场，小津也嚷着要跟着去。想到孩子以前一进商场就要这买那，稍不如意还又哭又闹，妈妈便说："一起去可以，现在妈妈给你两个选择：你要么听话，该买的妈妈自然会给你买；你要么一个人待在家里。"小津犹豫了一下，点头答应听妈妈的话。

走到儿童玩具专柜时，小津只是眼巴巴地望了望柜台里摆放的精美玩具，就主动拉着妈妈的手离开了。妈妈趁热打铁地表扬道："津津真听话，不像以前那样哭着闹着要玩具了。其实家里有很多这样的玩具，再买也是浪费。我家的津津真是长大懂事了。"听了妈妈的表扬，小津心里那点不舍的小疙瘩也没了。

那天，小津显得特别乖巧听话，说话做事像个"小大人"，还主动帮妈妈提些袋子，回到家又给妈妈倒了杯水。

你可以给孩子几项选择，当孩子能够执行自己的选择的时候，你也要及时地表扬，让孩子体验实践自己诺言以后的喜悦。

妈妈悟语：

229

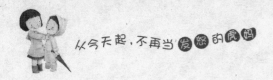

方法运用二

乔严4岁的女儿特能哭闹，以前乔严夫妇总是姑息、迁就，结果她以哭为武器，眼泪说来就来。乔严感到这样下去不行，遂找机会反复教育女儿：有什么要求，一定要说出充足的理由来，只要理由是正确和合理的，父母就一定会满足她。反之，如果不讲理地哭闹，那么即使是合理的要求父母也不答应。

这天，女儿又开始犯倔了，乔严让她先练画儿，每天规定好的时间，而女儿偏偏要先玩新买的玩具。乔严一再给她讲要养成先学习后玩儿的良好习惯的道理，但女儿就是不听，而且还使用了她惯用的伎俩——抹眼泪。

这时，乔严见说理不行，马上断然宣布："今天不能玩玩具了。"女儿一听，哭声又上了一个"音阶"，乔严也马上"升级"："如果你还哭，明天也不许玩玩具了。"

结果到了第二天，女儿果然没能摸着玩具，她问乔严为什么不让她玩玩具。

"这是你自己选择的结果呀，是你自己选择了继续哭泣的呀！"乔严说。不过以后女儿真的很少再采用这种无理的方式来表达要求了。

3.让孩子承担自己错误行为的后果

很多时候，让孩子体验错误行为的自然后果，比家长的说教更有效果。这样做，更能防止他再犯同样的错误。

儿子：妈妈，你去哪儿？

妈妈：去姥姥家。

儿子：我也想去！

妈妈：你不能去。

儿子：为什么？

妈妈：你知道为什么。

儿子：因为我上次欺负表妹了。妈妈，我保证以后不会这么做了。

妈妈：这次不行，下次有机会吧！

如果你是位不合格的妈妈，你也许会这么说：

儿子：妈妈，你去哪儿？

妈妈：去姥姥家。

儿子：我也想去！

妈妈：你不能去。

儿子：为什么？

妈妈：说了你不能去。

儿子：我犯什么错了，妈妈？

妈妈：说了你不能去，你就是不能去！

方法运用

一位母亲讲述了这样一个故事：

儿子非常贪睡，每天早上叫他起床是最让我头疼的事。好不容易把他叫醒，一转身他又睡着了，有时穿衣服穿到一半他也会睡着，有时他干脆就赖着不起床，总是到了快迟到的时候，他才急匆匆地穿上衣服，胡乱洗一下脸，饭都不吃就往学校跑。我知道这样下去不是办法，不仅会养成坏习惯，还会得胃病，为此我想了很多办法但都不管用，最后决定用一个狠招儿。儿子学习还行，学习好的学生荣誉感一般都比较强。只有让他吃一次苦，他才能记住教训。

一天早上，上课的时间快到了，他还没有起床，我只提前一

妈妈悟语：

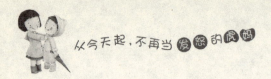
个小时喊过他一次，估计现在又睡着了。我也没有再叫他。时间一分一秒地过去了，一节课的时间快过去了。

妈妈悟语：

儿子终于高喊一声："妈！……"我过去问他："你怎么了？"他惊慌地问我："咱家的钟表是不是不准呀？"我说："很准。"他差点跳起来，说："那你怎么不去上班？怎么不叫我上课呀？迟到好长时间了！"我说："我今天请假了，我已经叫过你一次了，你不起床不能怪我。"儿子一边穿衣服一边抱怨："那你就不会多叫我几回吗？"

我说："妈妈不能叫你一辈子，妈妈怕你一辈子都这样懒散。从今以后，每天早上我都只叫你一回，什么时候起床你自己看着办。"儿子急着上学也没顾上跟我多说话。

放学回来他沉着脸对我说："太丢脸了！晚了一节半时间，好多同学都笑我呢。"我说："如果以后你不早些起床，会更丢人，老师也会批评你，不把你当好学生了。"

儿子说："我绝不会再迟到了。"以后，他果然没有再迟到过，每天我一叫他，他立马就起床。

4.让孩子自己寻找补偿的方法

当孩子意识到自己的错误时，适当引导孩子自己找到解决的方法。

女儿：妈妈，今天老师在我的作业中发现一道题做错了。

妈妈：为什么，你做完没检查吗？

女儿：每次都是爸爸帮我检查的。

妈妈：可是爸爸有时候也很忙，他也有自己的工作要做，再说你已经长大了。

女儿：妈妈，你说得对，我就该自己检查，我现在就去。

如果你是位不合格的妈妈,你也许会这么说:

女儿:妈妈,今天老师在我的作业中发现一道题做错了。

妈妈:为什么,你做完没检查吗?

女儿:每次都是爸爸帮我检查的。

妈妈:你为什么自己不检查,总是让爸爸给你检查呢?

方法运用

6岁的明明是一个非常淘气的孩子,有一天,他拿着画笔在墙上乱画,妈妈看到他的杰作,生气极了,狠狠地打了他,并且没收了他的画笔。孩子也很生气,但是妈妈没有理会他。

第二天,妈妈下班后,发现孩子又在厕所的瓷砖上乱画,只不过这次画笔换成了他爸爸的毛笔。当时妈妈生气极了,但是她不想重复昨天的错误,就努力使自己平静下来,说:"你这么做,是不是因为我昨天拿走你的画笔?"

孩子停了下来,并且点了点头。

妈妈说:"孩子,墙上被弄得这么脏,我需要很长时间才能清理干净,我非常生气,因为这样会耽误我很多做饭的时间!"说完,妈妈就走出了房间。

十几分钟后,妈妈看到孩子正在努力地清理自己的"战果"。妈妈告诉他怎样才能擦得干净,并且和他一起做完了这项工作。后来,妈妈把画笔还给了儿子,儿子也向妈妈保证不再犯同样的错误了。

5.告诉孩子正确的做法

爸爸:想一想,你刚才把果皮扔到哪儿了?

儿子:哦,爸爸,我忘记了,把果皮扔到了地上。

爸爸:好孩子,下次注意,一定要把果皮扔到垃圾箱里。

妈妈悟语:

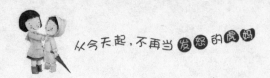

儿子:我知道了,爸爸。

如果你是位不合格的父亲,你也许会这么说:

爸爸:你这个孩子,怎么把果皮乱扔?

儿子:下次不敢了,爸爸。

爸爸:还有下次,我就揍你!

(儿子哭泣)

方法运用一

罗娟是个聪明的妈妈。有一天,女儿莉莉回家晚了,罗娟帮女儿拿下肩上的书包,陪女儿吃饭,告诉女儿这是特意为她准备的。罗娟告诉女儿,她已在窗口看了很多次,盼着莉莉回来。莉莉说,她陪同学买东西去了,所以回来晚了,并向妈妈道歉。

罗娟说:"孩子,妈妈知道你是一个有责任心的好孩子,相信你不会惹麻烦,但妈妈牵挂你,担心遇到交通方面的问题或别的什么事情。以后回家晚了最好先打电话回来说一下。"

莉莉高兴地亲了一下罗娟:"妈妈,你真好!"

从此以后,莉莉总能按时回家,即便有什么事情晚回家,也懂得给妈妈打一个电话,说明原因,征得妈妈的同意。

方法运用二

自从孩子的爸爸买回一台电脑,儿子就迷上了电脑游戏。这真是让做妈妈的伤透了脑筋。儿子却说:"我还是个孩子,总不能一直学习而不玩玩吧?再说我可以学习游戏两不误呀!"他爸爸也不管,还说:"如果你不让他在家玩电脑游戏,说不准他会到外面的网吧去玩,那才糟糕呢。"妈妈拿他们真没办法。

有一天,买菜的时候,妈妈突然有了灵感。她买了很多菜,等他们父子回来,妈妈已准备好了一顿丰盛的午餐。他们不知

妈妈悟语:

是计,大吃特吃,不一会儿都吃得肚子鼓了起来。妈妈问他们是否吃饱了,他们满意地点点头。这时她又从厨房端出两道他们最爱吃的菜。他们傻眼了,一起向她抗议。

儿子高声叫着:"妈妈!你怎么现在才端出来呀?刚才的饭菜已经把我的肚子填饱了,现在我很想吃却吃不下了,怎么办?都怪你!"妈妈笑着说:"刚才的饭菜把你的肚子填饱了?你现在真的吃不下了?"

他不满地说:"骗你干吗?"

妈妈说:"那电脑游戏如果把你的大脑占满了,你还能把老师讲的东西装进脑子里吗?"

他愣了,支支吾吾地说:"这……这不一样。"

妈妈问:"怎么不一样?"

他说不出话了,最后说:"那你什么也不要我玩了吗?"

妈妈说:"有很多东西你都可以玩,但这种既费大脑又容易上瘾的游戏,只有假期才可以适当玩一会儿。"

儿子想了想,点头答应了。

这是一位聪明的妈妈,她只是很巧妙地设计了一个说话的情境,然后把正确的做法告诉了孩子,在这种轻松的氛围中,孩子也乐意接受妈妈的建议,问题就这样解决了。

孩子有了过失的时候,恰好是教育的良机。因为,内疚和不安,使孩子急于求助,在这样的时刻他们明白的道理更能刻骨铭心。此时,父母应保持冷静,既不要简单粗暴地训斥,也不要毫不在意,而应当讲清道理,指出弥补过失的方法,让孩子吃一堑长一智,从过失中学到有价值的东西。

孩子的成长从某种意义上讲就是不断减少过失的过程。善

妈妈悟语:

235

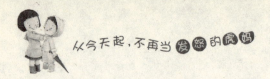

待孩子的过失,其实也就是对孩子进行正确引导,使其避免再犯同类的过失或错误。作为父母,无论孩子所犯的过失是大是小,都应该努力以心平气和的心态来对待;以暴怒的态度对待孩子,不但于事无补,伤害了孩子,还会掩盖了过失的本质,可能会让孩子一错再错。

大部分父母也想包容孩子的过失,但有时就是控制不了自己,不知道该怎么做。对此,英国哲学家斯宾塞曾做过这样的评述:"粗糙轻率的家庭管理作风是最贫乏、最无教育智慧者都能采用的,最不开化的野人和最笨的农夫都会想到用手打几下和骂几声作为惩罚。"所以如果你不想让责罚阻碍你与孩子和谐相处的话,你有必要从上面几个方法入手,试着来改变自己。

听与说练习

练习一

A.假设你的孩子很淘气,把你新买的鞋用来当玩具灌满了水。你运用上面的方法会怎样处理?

_____

_____

_____

_____

_____

B.因为天气原因,原来计划的郊游不能去了,女儿不高兴。你运用上面的方法会怎样处理?

_____

_____

_____

_____

_____

妈妈悟语:

237

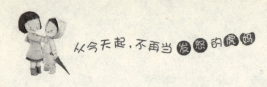

练习二

A.你发现孩子的作业写得特别潦草,非常生气。你会怎么办?(运用了哪种方法)

_____

_____

_____

_____

B.你的孩子在饭桌上不懂得谦让,想吃的饭菜只顾自己吃。你会怎么办?(运用了哪种方法)

_____

_____

_____

_____

C.你的孩子这次竟然把考得不好的试卷藏起来了。你会怎么办?(运用了哪种方法)

_____

_____

_____

_____

妈妈悟语:

D.你的孩子在外面和小伙伴打架了。你会怎么办?(运用了哪种方法)

_____

_____

_____

_____

现在问题又来了。你也许会说:孩子在重复地犯错,一次这种方法会有作用,但是我不能只用一种方法,当问题一再出现,我该怎么办?除了最直接的反应,惩罚孩子之外,我想不到还有别的什么方法来解决。

那么,你是否想过综合前面的方法呢?

步骤1:父母直接表明态度;

步骤2:试着和孩子商讨解决的方法;

步骤3:把你和孩子想到的解决办法写到纸上;

步骤4:找到彼此能够接受的解决方法;

步骤5:把彼此能够接受的解决方法,用契约的方式表达出来。

唐涛这次英语考试又没及格,回到家非常沮丧。这种情况在妈妈的意料之内,所以妈妈想和唐涛好好谈谈。

妈妈:涛涛,妈妈有件事想和你谈谈。

孩子:噢,什么事?

妈妈:关于你的英语成绩。

孩子:妈妈,我已经尽力了。

妈妈:可是你每次英语考试都不及格,这实在不是妈妈想

妈妈悟语:
_____
_____
_____
_____
_____
_____
_____
_____

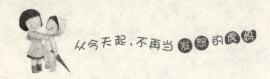

看到的,你知道吗?

孩子:我也不想这样,妈妈,我已经尽力地学了。

妈妈:妈妈知道,我知道你很努力。那现在咱们看看有没有什么好的方法来解决这个问题。你觉得你在哪方面是弱项,在哪儿丢的分?

孩子:单词总是记不住,记得快,忘得也快!

妈妈:还有别的原因吗?

孩子:句型记不住。

妈妈:这说明是记忆的问题。重复是记忆之母,这方面没有什么妙招,正如"疯狂英语"李阳说的那样:"电脑是练的,英语是念的。"我看你早上起来的时候,把本周学过的单词大声地念上 20 遍,晚上再念上 20 遍。用这种笨办法先试试,看看效果如何。

孩子:晚上等我念完以后,妈妈你可以给我提问今天学过的单词。

妈妈:这是个好方法,就这样定了。这个方法必须坚持执行,所以有必要写下来,监督我们说到做到。

(妈妈把双方商讨的英语学习的方法和计划写在了纸上,签上了双方的名字。妈妈承诺,如果孩子的成绩能超过 80 分,就带孩子去公园玩,并给孩子买一个他最想要的玩具。)

之后的考试,唐诗一次比一次进步,他对英语的兴趣也越来越深。这其中除了唐诗的勤奋之外,妈妈的功劳也很重要。

妈妈悟语: